KB140117

아랍 세계의 법문화

코란, 샤리아, 이슬람국가의 법

이 저서는 2009년 정부(교육부)의 재원으로 한국연구재단의
지원을 받아 수행된 연구임(NRF-2009-812-B00049).

아랍 세계의 법문화

코란, 샤리아, 이슬람국가의 법

박규환 지음

Regal Culture in the Arab World

— Quran, Sharia, Law in the Islamic Country

This work was supported by the National Research Foundation
of Korea Grant funded by the Korean Government
(NRF-2009-812-B00049)

서문

　세계 무대에서 대한민국은 국제적인 위상이 상당히 높아져 있음에도 불구하고 법학연구의 범위와 내용이 지나치게 영미법과 대륙법계의 연구에 몰려 있다. 따라서 전 세계 인구의 1/5을 차지하는 이슬람 세계의 실정법체계에 대한 개괄적 내용은 물론 전문적 연구내용이 거의 없는 실정이다. 이 졸고가 이러한 흠결을 보충하고 법학연구의 영역을 확장하는 데 일조하기를 바란다.

　필자가 이슬람법에 관심을 갖게 된 계기는 9·11 테러의 영향으로 인해 2003년 10월 함부르크에서 '유럽법대생연합회(ELSA: The European Law Students' Association)'가 'Law in the Islamic World'라는 주제로 5일간 개최한 국제학술대회에 참가하면서부터이다. 박사과정 중 보았던 새로운 법학영역에 대한 호기심에 따라 2004년 독일에서 학위를 마치고 귀국하는 길에는 아라비아반도에 위치한 카타르 국립대학 법과대학에 방문하였고 이때부터 이슬람법연구의 그 구체적 행보가 시작되었다. 하지만 당시 국내에는 이슬람 법학에 대한 구체적 자료가 거의 전무한 상태였다. 2006년부터 2008년 초반까지 베를린자유대학 한국학과에 객원계약교수로 근무하면서 관련 자료들을 '베를린

국립도서관(Staatsbibliothek zu Berlin)' 등에서 틈틈이 수집하였고 2010년 1월에는 이슬람 학문의 종주국인 이집트에서 열리는 '아랍 책 박람회(The Cairo International Book Fair)'에 참가하여 자료를 수집하였다. 또 본 연구서의 후반부에 있는 이집트 관련 내용은 기원전 3세기에 세워지고, 다시 2002년에 UNESCO의 후원으로 개관한 이집트 '알렉산드리아 도서관(Bibliotheca Alexandrina)'을 방문하던 중 발견한 자료이다. 이후 해를 거듭할수록 아랍어 원어를 배워야겠다는 필요를 느껴 2012년부터 2013년까지 요르단국립대학교 샤리아대학에 교환교수로 체류하면서 동 대학 어학원에서 아랍어를 두 학기에 걸쳐 체계적으로 공부하였다. 매우 초보적인 수준이지만 그래도 이제 외국학자들의 이슬람법 관련 논문에 등장하는 아랍어를 원어로 찾아 읽을 수 있게 되어 개념과 용어에 대한 학문적 이해의 깊이가 이전보다 더 깊어졌다.

거의 10여 년의 여정 끝에 나온 결과물임에도 부족한 점이 많음을 밝혀둔다. 이후 발간될 '이슬람법 연구 총서 2'는 더욱 완성도를 높여 출간할 계획이다. 본 총서는 이슬람법연구센터 1기 연구원생들의 헌신적인 도움이 없었다면 세상에 나오지 못했을 것이다. 임승도 석사(부산대)와 안효승(부산대)·박경진(부산대)·박소희(성균관대) 석사과정생 그리고 서영진 군, 김보형 양, 공희경 양, 김지수 양에게 감사의 말을 전한다.

또 이 쉽지 않은 여정을 묵묵히 동행해준 사랑하는 아내 은정과 하늘의 선물인 영욱·영훈·영찬·영진에게 힘들었던 요르단 생활을 잘 견뎌주어 고맙다는 말을 여기 기록으로 남긴다. 또한 필자의 행보를 한결같이 지지해주시고 기도해주신 어머님 그리고 필자를 학문의 길로 인도해주시고 부족한 점을 늘 학은으로 덮어주시는 연세대학교 법학전문대학원의 김성수 교수님과 먼 이국에서도 변함없이 당신의 새로운 저작물을 보내주시는 킬리안 교수님(Prof. Dr. Michael Kilian)께 이 책을 바친다.

2014년 4월 14일 망우동(忘憂洞) 서재에서

---

* 본서에서는 아랍어 영어 표기를 엄격히 구분하지 않았다. 또한 한국어 번역도 다르게 표기될 수 있으나 역시 엄격히 구분하지 않았다(예를 들면 코란-꾸란; 키야스-끼야스). 이러한 차이는 아랍어 발음을 다른 언어로 정확히 표기하는 것이 매우 까다롭다는 것에서 기인한다.

❏ Contents

Chapter 02 근본토대(샤리아)

Chapter 03 　생활토대(실정법)

01
CHAPTER

법과 문화

제1장 들어가는 말*

    기독교의 중심이 예수 그리스도이듯, 이슬람의 중심이 예언자 무함마드라고 오해하는 경우가 있다.[1] 기독교는 '하느님의 말씀이 육신(예수 그리스도)이 되었다'고 고백하지만,[2] 이슬람은 '하느님의 말씀이 책(코란)이 되었다'고 고백한다.[3] 때문에 한스 큉은, 이슬람의 중심은 무함마드가 아니라 코란에 있으며, 이 코란이 결국 이슬람의 독특한 성격을 나타내고 있다고 말한다.[4]

    괴팅겐의 정치학자인 Bassam Tibi는, "이슬람은 하나의 정치 이념

---

* 제1장의 내용 중 일부는 졸고, 「이슬람 법질서의 공법적 구조분석 – 샤리아법과 헌법 그리고 국가조직법」, 공법학연구, 제10권 제3호, 2009의 내용이 사용되었다.

1) 이런 오해에서 이슬람을 Mohammedanism 혹은 Mohammedan이라고 부른다고 한다. Hans Küng, 손성현 역, 『한스 큉의 이슬람』, 시와 진실, 2012, 136쪽.

2) 요한복음 1장 14절

3) Hans Küng, 손성현 역, 앞의 책, 136쪽.

4) 위의 책, 137쪽 이하.

(political ideology)일 뿐 아니라 무엇보다도 문화적 체계(cultural system)
다"라고 규정한다.5)

이슬람 법질서에 관한 국내 법학계의 전문적 연구는 거의 없다고
보아도 무방하다. 반면 9·11 테러 후 서구의 주요 선진국에서는 변
화하는 세계질서의 흐름에 따라 이슬람 세계에 대한 관심이 증폭되
면서 이슬람 법질서에 대한 보다 체계적인 연구가 진행되고 있다.6)
전 세계 대부분의 국가가 영미법이나 대륙법계의 구조를 흡수해 토
착화시켜 국내 법질서를 유지하고 발전시키고 있는 것에 비해 이슬
람 국가는 이러한 서구 중심의 전통적 시각과는 큰 차이가 있는 고
유의 법질서를 가지고 있다.

서구에서도 이슬람 법질서에 대한 연구가 진행되어 왔지만 많은
오해들이 생겨났다.7) 이러한 것은 근본적으로 무엇이 '정의'인가에

---

5) B. Tibi, Der Islam und das Problem der kulturellen Bewältigung sozialen Wandels, Frankfurt 1985,
S. 13. 위의 책, 139쪽 각주 9에서 재인용; 그러나 한스 큉은 대다수의 무슬림은 이슬람을 이런
식으로 이해하지 않는다고 한다. 그는 무슬림과 깊은 대화를 하기 위해서는 이슬람에 대한 협소
한 이해(종교적 조명만을 하는 경우도 역시 마찬가지로 본다)를 탈피해야 한다고 하면서 종교적,
사회적, 정치적, 역사적 접근을 통해 이슬람의 출발부터 조명하여야 이슬람의 본질과 중심을 제
대로 이해할 수 있다고 피력하며 그의 저술을 광범위하게 전개한다. 같은 책, 139f.

6) 이슬람학문의 메카로 일컬어지는 이집트의 알아자르 대학, 시리아의 다마스쿠스 대학 등 중동
의 유수대학과의 협력하에 유럽연합 차원에서 이루어지는 샤리아법 연구프로젝트는 물론 법과
대학 정규과목으로 개설되기도 한다. 예를 들면, 베를린 자유대학 법과대학에서는 2006년 다음
과 같은 이슬람 법 강좌를 개설하였다. '독일 법과 이슬람 법(Islamisches Recht mit Bezügen zum
deutschen Recht I)' 그 강의목표와 상세 내용을 보면 다음과 같다. "Das islamische Recht mit
seinen Bezügen zum deutschen Recht soll beleuchtet werden. Dabei sollen auszugsweise aktuelle
Gesetzestexte gelesen, exemplarische Rechtsprobleme vertieft behandelt und gegenwärtige
rechtspolitische Entwicklungen aufgezeigt werden. Im Einzelnen: I. Einführung in das islamische
Recht und das moderne Recht der islamischen Staaten des Vorderen Orients im religiösen und
historischen Kontext II. Überblick über das geltende Zivilrecht in den islamischen Staaten des Vorderen
Orients, vor allem des Familien- und Erbrechts unter besonderer Berücksichtigung der rechtshistorischen
und -politischen Hintergründe III. Kollisionsrechtliche Probleme, vor allem hinsichtlich des deutschen
ordre public, bei Sachverhalten mit islam-rechtlichen Bezügen, insbesondere mit Bezügen zum
islamischen Familien- und Erbrecht IV. Sonstige Probleme von Muslimen in Deutschland vor allem
in zivilrechtlicher Hinsicht."

7) Said Ramadan, Das Islamische Recht, 2.Aufl. 1996, S. 38.

대한 생각이 서구사회와 다르기 때문에 나타나는 현상이다.8)

'문화자본주의'9)의 막강한 영향력을 통해 세계를 새롭게 지배해 나가는 밀레니엄 시대의 '보이지 않는 손'에 의해 세계의 문화가 '평준화'10)되고 있음에도 불구하고, 이러한 영향을 배제하려고 노력하면서 고유의 문화와 법질서를 유지하고 있는 이슬람 세계의 법질서를 연구하는 것은 법과 문화의 상관관계를 규명하는 데 실제적 의미가 있다고 할 것이다. (서구 중심의) 우월적 문화라는 개념은 성립될 수 없고 다만 다양한 문화적 '차이'만이 존재할 수 있기에, 이슬람 사회를 유지하는 근간이 되는 이슬람 법질서를 연구하기 위해서는 서구 중심의 시각을 배제하고 우선 이슬람 세계 고유의 '법문화적 가치'를 충분히 연구하는 것이 선행되어야 한다.

예를 들면, 이슬람 법체계 내에서 매우 중요한 위치를 점하는 무즈타히드11)들은, 실정법을 사안에 적용(사법부)하고 집행(행정부)하기 위해 법조문을 해석하는 서구 법체계에서의 법 해석 개념과는 달리, 새로운 규범창출(입법)을 위해 해석을 하는 것이기에 서구의 법

---

8) 이슬람 세계의 각 학파에서조차도 샤리아를 구체화시키는 규범들의 구체적 내용들에 대해서는 다양한 해석과 주장이 제기되고 있는 상황이다; vgl. Tilman Nagel, Das Islamische Recht: Eine Einführung, Westhofen: WVA-Verlag, 2001, 285ff.

9) '산업자본주의'에 대비되는 개념이다. Jeremy Rifkin, Das Verschwinden des Eigentums (The Age of Access), Fischer Taschenbuch, 2. Aufl., 2000, 183ff.

10) 세계문화가 동질화되는 것에 대한 경고가 제기되고 있다(United Nations Development Program, Human Development Report, 1999, New York 1999, S. 33f. 위의 책, 9장 각주 51에서 재인용). 이러한 동질화의 영향으로 토착의 고유 언어가 사라지는 현상이 나타나고 있으며 이러한 언어의 소멸에 대해 MIT의 Ken Hale 언어학교수는 한 개의 언어가 지구상에서 사라지는 것은 루브르 박물관이 폭격을 당하는 것과 같은 정도의 부정적 파급효과가 있다고 한다(Wade Davis, The Issue Is Whether Ancient Cultures Will Be Free to Change on Their Own Terms, in: National Geographic, August 1999, S. 65. 위의 책, 9장 각주 52에서 재인용).

11) 무즈타히드가 될 수 있는 요건으로는 ① 아랍어에 정통할 것, ② 코란에 정통할 것, ③ 하디스에 정통할 것, ④ 이즈마에 정통할 것, ⑤ 우술 알 피크에 정통할 것, ⑥ 샤리아의 목적에 정통할 것, ⑦ 일반인의 생활에 정통할 것, ⑧ 신을 공경하고 정의로울 것이 요구된다. 이원삼, 『이슬람법사상』, 아카넷, 2001, 324ff.

해석(자) 개념과는 다르다고 할 수 있다. 따라서 코란과 순나에 근거를 두고 그 의미를 해석하며 법규범을 새롭게 창출해내는[12] 무즈타히드의 지위와 최상위법인 헌법에 위반되지만 않으면 어떠한 영역의 내용이든 자유롭게 입법할 수 있는 서구 헌법체계에서의 입법자의 지위는 다를 수밖에 없다. 무즈타히드는 서구의 국가 통치질서에 있어서의 입법부와 사법부의 기능을 동시에 수행하는 역할을 하고 있다고 볼 수 있다. 때문에 권력분립원칙을 토대로 하는 서구식 헌법 원리를 가지고 이슬람 세계의 공법질서를 분석할 수 없게 되는 것이다.

서구에서는 이슬람 법질서에 관해 상당한 연구들이 진행되었으나[13] 연구 과정에서 간간이 오류를 범했다고 생각되는 부분이 발견

---

12) 이러한 행위를 이즈티하드(ijtihad)라고 한다. 즉 코란과 순나로부터 법규범을 정립하기 위해 노력하는 것을 의미한다.

13) Christine Schirrmacher; Ursula Spuler-Stegemann, Frauen und die Scharia: die Menschenrechte im Islam, 2006; Johannes Harnischfeger, Demokratisierung und islamisches Recht: der Scharia-Konflikt in Nigeria, 2006; Mariam Popal, Die Scharia, das religiöse Recht - ein Konstrukt?: Überlegungen zur Analyse des islamischen Rechts anhand rechtsvergleichender Methoden und aus Sicht post-kolonialer Kritik, 2005; Bülent Ucar, Recht als Mittel zur Reform von Religion und Gesellschaft: die türkische Debatte um die Scharia und die Rechtsschulen im 20. Jahrhundert, 2005; Joko Mirwan Muslimin, Islamic law and social change [Elektronische Ressource]: a comparative study of the institutionalization and codification of Islamic family law in the nation-states Egypt and Indonesia (1950~1995), 2005; Michael Kemper, Rechtspluralismus in der islamischen Welt: Gewohnheitsrecht zwischen Staat und Gesellschaft, 2005; Thorsten Gerald Schneiders, Muslime im Rechtsstaat, 2005; Rüdiger Lohlker, Bibliographie des islamischen Rechts, 2005; Hans-Georg Ebert, Das Erbrecht arabischer Länder, 2004; Norbert Müller, Islam und Menschenrechte, 2003; Yusuf al-Qaradawi, Erlaubtes und Verbotenes im Islam, 2003; Hakan Hakeri, Tötungsdelikte im islamischen Strafrecht, 2002; Bernard G. Weiss, Studies in Islamic legal theory, 2002; Satoe Horii, Die gesetzlichen Umgehungen im islamischen Recht (.hiyal): unter besonderer Berücksichtigung der Gannat al-a.hk¯am wa-gunnat al-_hu.s.s¯am des .Hanaf¯iten Sa'¯id b. 'Al¯i as-Samarqand¯i (gest. 12.Jhdt.), 2001; Tilman Nagel, Das islamische Recht: eine Einführung, Westhofen: WVA-Verlag, 2001; Herbert Kronke, Islamisches und arabisches Recht als Problem der Rechtsanwendung, 2001; Stefan Muckel, Der Islam unter dem Grundgesetz: Muslime in einer christlich vorgeprägten Rechtsordnung, 2000; Frank E. Vogel, Islamic law and legal system: studies of Saudi Arabia, 2000; B.R. Schulze, Was ist islamische Aufklärung?, in: Die Welt des Islam 36/1996; John Makdisi, Marianne Makdisi, Islamic Law Bibliography, Law Library Journal 87/ 1995, 69-191; Noel J. Coulson, Conflicts and tensions in Islamic jurisprudence, Chicago 1969; Joseph Schacht, An Introduction to Islamic Law, Oxford 1964; Noel J. Coulson, A History of Islamic Law, Edinburgh 1964

된다(연구자들이 대륙법이나 영미법적 사고방식을 가지고 이슬람 법질서에 접근하여 결론을 도출하는 경우에 특히 그렇다). 왜냐하면 우선 이슬람 법질서의 기본토대인 공공복리(Gemeinwohl)의 개념이 서방세계가 발전시킨 공공복리의 개념과 다르기 때문이다.[14] 때문에 우선은 ① 이슬람 세계의 근본 가치(특히 법원(法源))들을 연구한 후, ② 그들의 고유 가치를 현대 이슬람 국가의 실정법에 투영하여 그 구조를 분석하고, ③ 비교법적으로 대륙법계와 영미법계의 법질서를 비교하는 것이 매우 중요하다 하겠다.

이중에서도 두 번째 단계는 이슬람 법질서의 근본법원(根本法源)인 코란 등에 대한 정확한 의미적 해석이 아랍어를 통해서만 가능하다는 데에 그 어려움이 있다. 특히 법학적 개념을 확정함에 있어 시대적·문화적 간격을 도출해 현대에 그 법원(法源)을 재적용하는 작업은 적확한 상황화(contextualization) 작업[15]이 필요하기에 문화학적 접근(kulturwissenschaftliche Annährung)이 동시에 수반되어야 한다. 이 두 번째 단계의 연구는 신학적·문화인류학적 접근이 특히 필요하다.

샤리아법(단순히 '샤리아'라고도 하며 본 연구에서는 양자를 같은 의

---

14) 무슬림의 공공복리는 신과의 관계에서 우선적으로 파악해야 하는데 공동체의 유지를 위해 신이 설정해놓은 한계(die Grenzen)가 있다는 것이다. 때문에 통치자는 그러한 한계를 무시하는 독재정치를 할 수 없다고 본다. 한편 공공복리를 위한 각종 조치들이 법문에서 바로 도출될 수 없는 경우도 있다고 하며 인간의 실제적 필요(Notwendigkeit)들과 관련된 사항을 모두 샤리아에서 이끌어내는 것이 용이하지 않아 실정법을 원용하는 것이 불가피하다는 것을 인정한다. vgl. Tilman Nagel, 앞의 책, 253ff.: Die Absichten der Scharia und das allgemeine Wohl der Muslime; 305ff.: Die Gewohnheiten und das herrscherliche Recht; 이슬람의 모든 규범은 공공복리를 추구하기에 샤리아의 목적은 이러한 숨겨진 공공복리를 계속하여 찾아내 실현하는 것이고, 공공복리를 침해한 경우에는 형벌이 부과되며 이러한 공공복리의 영역을 종교, 생명, 이성, 명예, 재산으로 분류한다.

15) 코란이 저술될 당시의 시대적 배경과 문화적 관습을 연구해 현대에 발생하는 각종 사회문제에 맞게 재해석하는 작업을 말하는데, 코란의 명령 중 외교관계, 국제거래, 이자수취금지, 재혼숙려 기간에 대한 현대적 해석이 그 예이다. 이슬람 법학방법론 중 개인적인 사고와 견해인 라이(ray)와는 다른 개념이며 키야스(qiyas)를 통한 진보적 이즈마(ijma)와는 비슷하다고 볼 수도 있다.

미로 사용한다)은 보통 '이슬람법(islamic law)'이라고 불리는데, 이는 '이슬람 국가의 법(law in the islamic country)'과는 구별되는 개념이다.

이슬람 문화 영역	이슬람법 영역 (샤리아법)	이슬람 국가의 법 영역

* 이슬람법(Islamic Law)과 이슬람 국가의 법(Law in the islamic country)은 구별되어야 함

〈그림 1〉 이슬람 법질서 영역의 세분화와 중첩영역

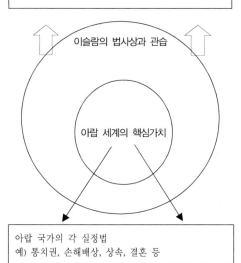

전체 사회 질서(역사, 문화, 윤리…)
예) 통치권, 손해배상, 상속, 결혼 등

이슬람의 법사상과 관습

아랍 세계의 핵심가치

아랍 국가의 각 실정법
예) 통치권, 손해배상, 상속, 결혼 등

* 아랍 국가들은 독특한 법체계를 가지고 있다. 코란을 중심으로
한 아랍 세계의 핵심가치가 그 중심을 이루고 있고, 이슬람 법사
상과 관습이 그 중심과 연결되어 아랍 국가의 각 실정법 체계를
유지해주는 역할을 하고 있다. 이러한 구조를 먼저 인식해야 아
랍 국가의 실정법을 제대로 이해할 수 있다. 이를 도식화한 것이
위의 그림이다.

〈그림 2〉 이슬람 국가 질서의 구조와 체계

서구의 경우, 법사상과 관습이 역사, 문화, 윤리 등의 영역에 영향을 주기는 하지만 대부분의 경우 부분적·간접적인 영향을 미치고 있을 뿐이다. 이에 반해 **이슬람의 법사상과 관습은** 이슬람 국가의 역사, 문화, 윤리 등의 영역에 **전면적·포괄적·직접적인 원칙으로 작용**하고 있다. 때문에 '**법질서의 이중구조**(Legal Pluralism)' 현상이 나타난다.

　현재 국내에서는 '아랍 세계의 핵심가치'와 '이슬람의 법사상과 관습'에 대해서는 어느 정도 연구가 되어 있다. 반면, '아랍 국가의 각 실정법 체계'에 대해서는 포괄적인 체계적 접근 방식의 연구가 거의 없다.[16] 이는 대륙법이나 영미법계와는 달리 아랍 국가의 각 실정법을 전문적으로 연구하는 법학자가 거의 없으며, 법학의 개념적 정의와 소송법적 특이성으로 인해 다른 학문 분야에서 이 부분에 접근하기가 용이하지 않기 때문이다.

---

16) 조세특례문제와 연결된 차관도입 문제로 인해 이슈가 되었던 (일명 수크크법이라 불리는) 이슬람 금융에 대한 현실적 필요 때문에 관련 연구들이 법학분야에서 진행된 적이 있고, 그밖에 간간이 연구재단의 지원을 받은 성과들이 발표되고 있을 뿐이다.

제2장 법을 통해 본 문화의 이해

1. 법학 연구범위의 확장

'문화학으로서의 헌법이론(Verfassungslehre als Kulturwissenschaft)'
을 연구하는 독일의 유명한 공법학자인 Häberle 교수는, 법실증주의
적 관점에서 (좁은 의미의 문화개념을 설정하고) 교육, 학문, 예술의
관계를 파악하는 것은 문화의 일반적 이해에 부합하는 장점이 있다
고 하면서도, 법과 국가가 문화를 어떻게 바라보는지와는 정반대의
관점에서 문화는 법을 어떻게 바라보는지를 파악할 필요가 있다고
한다.[1]

---

[1] Peter Häberle, Verfassungslehre als Kulturwissenschaft, Schriften zum Öffentlichen Recht, Band 436, Duncker & Humblot, Berlin, 2. Aufl. 1998, 2쪽; 법과 문화에 대한 국내 법학자들의 연구로는(주로 법과 국가가 문화를 어떻게 바라보는지의 측면에서) 전광석, 「헌법과 문화」, 『공법연구』, 제18집, 1990; 류시조, 「문화국가의 개념과 법적 성격」, 『부산외대 법학연구』, 1991; 김수갑, 「헌법상 문화국가원리에 관한 연구」, 고려대 박사학위, 1993; 이시우, 「국가의 문화정책에 관한 헌

문화가 법을 어떻게 바라보는지를 파악하기 위해서는 우선 문화의 개념이 무엇인가에 대한 이해가 필요하다. 문화의 개념에 대해서는 다양한 정의가 가능하다.[2] 법학을 규범학으로만 한정한다면 문화의 범위가 매우 좁아지게 되고 역동적인 문화와 법의 관계를 제대로 조망할 수 없게 되기에, 문화를 법학적 관점에서도 역시 하나의 가치체계로 보는 것이 타당하고 보인다. Häberle 교수도 문화헌법(Kulturverfassungsrecht)이라는 논의가 최근에 전개되는 것을 문화가 헌법에 포섭되는 징표(Symptom)로 나타나는 현상으로 파악하면서, 헌법조문에 대한 연구뿐 아니라 문화로서의 헌법을 연구해 '광범위하고 깊이 있는 헌법이론(umfassender und tiefer Gegenstand einer Verfassungslehre)', 즉 '문화정향적인 헌법이론(kulturwissenschaftlich orientierte Verfassungslehre)'을 전개해야 한다고 주장한다.[3]

2. 법과 문화의 상호작용

동서냉전체제의 종식과 세계화, 산업자본주의에서 문화자본주의로의 진전,[4] 소유개념의 변화[5] 등에 기인해 21세기에서는 문화의

법적 연구」, 『공법연구』, 제25집 제4호, 1997; 이시우, 「문화복지의 헌법적 의미와 그 입법정책적 과제」, 『헌법학연구』, 제5집 2호, 1999; 이시우, 「헌법적 문제로서 문화보호와 문화복지에 관한 입법정책」, 『저스티스』, 제32권 제1호, 1999; 김수갑, 「문화재 향유권의 법리에 관한 고찰」, 『법과 사회』, 23호, 2002; 최대권, 「문화재보호와 헌법」, 『서울대 법학』, 44권 3호, 2003.

2) Peter Häberle, 앞의 책, 2쪽 이하; Richard Münch, Neil J. Smelser, (Edit.), Theory of Culture, university of california press, 1992.

3) Peter Häberle, 앞의 책, 1쪽.

4) Jeremy Rifkin, Das Verschwinden des Eigentums(The Age of Access), Fischer Taschenbuch, 2.Aufl., 2000.

5) Karl Renner, 최달곤·정동호 공역, 『私法과 所有權의 基礎理論』, 동아학습사, 1983.

전통적 개념을 재구성하는 작업이 이루어지고 있다. (이러한 현상은 법과 문화의 상호작용 연구에서도 나타나고 있는데) '정적인 개념'으로 파악한 문화에서 '동적인 개념'으로 접근하는 문화개념의 정립이 그것이다. 전자는 공통된 규범과 가치를 통해 구분을 하고 이를 토대로 사회집단을 구분한다. 반면 후자는 문화를 역사발전에 따라 생산되는 동적인 작용으로 보고 있으며, 공통된 규범과 가치를 통해 경계 지워지고 구분되는 것이 아니라 오히려 경계가 없으며, 합의된 하나의 형태로 파악하기보다는 경쟁구조 속에서 발전하는 동적 개념으로 파악하고 있다.6)

한 국가 공동체의 사회는 다양한 부분으로 구성된다. 예를 들면, 종교, 법, 정치, 경제, 문화, 예술, 교육 등이다. 이러한 각각의 영역은 당해 영역을 움직이는 자율성(Autonomie) 아래서 독립적인 토대를 가지고 있지만 이러한 토대들은 상호 유기적으로 연동되어 움직인다. 때문에 각 영역의 이질성은 토대의 유기적 연동으로 인해 서로 조정되고 발전되어 간다.7) 따라서 법문화 또한 고유한 영역과 특성을 지닌 독립적 토대를 가지고 있지만 상호 유기적으로 연동된 다른 영역들과 밀접하게 상호작용을 하며 발전하고 있는 것이다.8)

---

6) 김정오, 『한국의 법문화』, 나남출판, 2006, 53f; 정적 개념과 동적 개념으로 분류한 것은 필자의 의견임; 김 교수는 문화가 "이념과 행동의 단순한 통합체제이기보다는 다양한 실천, 상징, 습관, 실제적 통제력의 패턴, 그리고 문화적 의미범주들 내에 뿌리를 두고 있는 것으로 인식되기 시작"하였다고 하고 있으며, 따라서 "문화는 초유기체적 힘들보다는 인간의 행동을 통해서 타협되고 형성되는 것으로 이해되기 시작하였다"고 한다.

7) 이러한 현상은 정치체제가 다른 국가 간 통일(예멘과 베트남 그리고 독일)을 볼 때 더욱 뚜렷이 나타난다. 정치적 이질성이 근본토대의 유기적 연동에서 기인하는 '통합의 동력(Kraft der Integration)'을 받게 된다. 이러한 동력은 통상적으로 정치권력의 통합을 완성시키는 방향으로 나아가는데 정치권력의 통합 전에 다른 제반 분야의 연동을 강화시켜 추후 정치통합을 이루는 경우(독일, 예멘), 정치적 통합을 이룬 후 다른 제반체제의 연동을 강화시키는 경우(베트남)를 역사적으로 찾아볼 수 있다. 우리나라는 전자의 경우를 지향하는 것으로 보이는데 불완전한 유기적 연동에 근거한 정치권력의 통합이 실패할 수 있다는 예멘의 교훈을 면밀히 연구하여 통일정책에 반영하여야 할 것이다.

3. 이슬람 법체계의 특이성[9]

이미 앞에서도 언급했듯이 서구 법체계의 일방적 시각을 가지고 이슬람 법체계를 재단하는 것은 오류이며, 때문에 이슬람 법학자들이 주장하는 그들 고유의 '정의'와 '통치권력의 정당성의 의미'를 정확히 이해하는 것이 필요하다.[10] 서구에서는 통상 법의 주요 기능을 정의의 실현이라고 보고 있다. 이는 법을 관할하는 부서를 Ministry of Law 라고 하는 대신 Ministry of Justice라고 하는 관행에서도 발견된다.[11] 하지만 이슬람 국가에서는 신의 뜻을 분별하는 것이 중요하다. 때문에 정당한 권력행사인가를 판단함에 있어 최종적으로는 샤리아법에의 부합 여부를 판단할 수밖에 없게 된다.

소송에 있어서는 실체적 진실이 무엇인가를 파악하는 것이 중요하지만, '법적 정의(justice of law)'가 무엇인가를 파악함에 있어서는 좀 더 다면적인 접근이 필요하다. 예를 들면 로마황제들은 정의라는 이름으로 로마법에서 확립된 제 법원칙들을 무시하면서 법률고문관들의 결정을 파기하기도 하였다.[12]

유럽에서는 로마법을 계수하면서 기존 세계관의 내용 중 자연법

---

8) 김정오 교수는 "법문화 자체는 다른 문화영역들과 '문화'라는 공통된 토대를 갖고 있다"고 본다. 그는 문화관념 자체에 대한 인식과 접근방법의 발전 과정을 살펴보는 것이 법문화 탐구에 중요한 시사점을 준다고 한다. 김정오, 앞의 책, 54쪽.

9) 졸고, 「이슬람 법질서의 공법적 구조분석 – 샤리아법과 헌법 그리고 국가조직법」, 『공법학연구』, 제10권 제3호, 2009의 내용이 일부 사용되었다.

10) 사회적 정의와 인권에 관한 연구를 종교와 연결해 설명한 것으로는 Micheline Ishay, 조효제 옮김, 『세계인권사상사』, 도서출판 길, 2005, 제1장 초기의 윤리적 토대를 볼 것.

11) Leopold Pospisil, 이문웅 역, 『법인류학』, 민음사, 1992, 361쪽; 우리나라 법무부도 영문표기는 후자로 하고 있다.

12) 위의 책, 376쪽; 이러한 결정들은 결국 법원칙들 자체가 공정한가에 대한 의문을 야기하게 된다.

사상13)을 융합시켜 (법)철학적 체계를 구축하였다.14) 이로 인해 서구에서는 신의 의지보다는 인간의 이성이 강조되고, 통치권력에 대한 정당성의 근거가 신에 대한 복종보다는 계약에 의한 권리 의무관계(사회계약론)로 정립되었다. 이러한 사상적 흐름을 주도했던 주요 토대가 기독교 문화를 배경으로 발전한 중세 종교권력에 신음하던 일반 대중의 변혁 요구에 놓여 있었음은 물론이다.

종교와 정치가 구분된 사회체제가 아닌 종교와 정치가 일치된 사회체제를 가지고 있는 이슬람 국가의 법질서에서의 정의 개념은 서구나 그 영향 아래 있는 우리의 정의 개념과는 필연적으로 다를 수밖에 없다. 무엇이 정의인가를 판단하는 사상적 토대가 다르기 때문이다. 이러한 판단을 위해 샤리아법체계를 사용하게 되는데,15) 이는 서구나 우리의 법 판단 방법이 기본적으로 개인의 자유와 권리가 침해당했는지, 그리고 그 침해에 정당한 이유가 있는지를 심사하는 것에 중점을 두고 있는 것과는 달리, 우선적으로 신의 뜻이 무엇인가를 확정하는 것에 중점을 둔다.

이러한 샤리아법체계는 서구의 법체계와는 매우 상이한 법원(法源)과 해석원리를 가지고 있기에 기존의 서구 법체계로는 판단하기 힘든 차이(gap)가 발생하게 된다. 이러한 간극을 메우기 위해서는 서

---

13) 토마스 아퀴나스는 "자연법이란 신에 의해 창조된 영원불멸의 법에 인간이 참여하는 것"이라고 하였으나 17~18세기 유럽에서는 자연법 이론이 신학으로부터 분리되어 인간이성에 의한 파악이 강조되었고 이로 인해 신의 의지와는 관련이 없이 개인의 자유와 권리에 바탕을 둔 계약을 중시하게 된다. 위의 책, 382쪽 이하.

14) 헤겔의 자연법사상에 관한 내용으로는 헤겔, 김준수 옮김,『자연법』, 한길사, 2004; 국내연구서로는 박은정,『자연법의 문제들』, 세창출판사, 2007; 고전적 자연법의 종말과 근대 자연법에 대한 사상적 흐름에 대한 내용으로는 Arthur Kaufmann, 허일태 역,『법철학 입문』, 세종출판사, 1996, 102쪽 이하.

15) Vgl. Tilman Nagel, Das islamische Recht: eine Einführung, Westhofen: WVA-Verlag, 2001, 257쪽.

구와 이슬람 세계의 문화적 토대가 다름을 우선 인정하고, 양 문화권의 가교 역할을 할 문화학(Kulturwissenschaft)이 샤리아법체계의 분석방법에 도입되어야 한다.

Häberle 교수는 국가의 구성요소를 새롭게 재편성하여 고전적 이론인 국민(Staatsvolk), 주권(Staatsgewalt), 영토(Staatsgebiet)에 더해 문화(Kultur)를 통해 재정립된 국가의 제4의 구성요소로서의 헌법(Verfassung)을 포함시켜야 한다고 주장한다.16) 이러한 주장은 헌법을 문화체계의 일부로 인식할 때 가능한데,17) 이렇게 할 때 서로 다른 문화공동체의 법학적 개념을 확정함에 있어 시대적·문화적 '간격'을 정확히 도출하게 되고, 이를 토대로 그 법원리들을 재구성하여 비교평가하는 데 있어 오류가 제거될 수 있다. 본 연구는 이러한 토대를 마련하는 기초 작업이라고 생각한다.

이러한 법학자들의 노력은 점차 문화를 구심점으로 하여 블록화되며 대립하는(때로는 협력하지만) 국가공동체들 상호 간의 근본 가치규범의 의미에 대한 이해를 넓혀 서로를 존중하고 '우월'이 아닌 '다름'을 인정하는 데 기여할 것이다. 또한 인류공동체가 최고의 가치로 추구하고 있는 "인간의 존엄을 헌법국가의 문화인류학적 토대(Die

---

16) Peter Häberle, 앞의 책, 622쪽 이하; 헤벌레 교수는 헌법이 국가의 구성요소에 포함되지 않은 것에 대해 유감을 표시하면서 헌법은 문화의 한 부분이기에(Verfassung ist ein Teil der Kultur) 반드시 제4의 요소로 인정되어야 한다고 한다. Dürig 교수[Der deutsche Staat im Jahre 1945 und seither, VVDStRL 13 (1955), S. 27 (37ff.)]도 일찍이(1954) 이러한 생각을 하였으나 명시하지 않았을 뿐이라고 한다; 헤벌레 교수가 인용한 "status culturalis"라든지 칸트(Menge Menschen unter Rechtsgesetzen), 괴테(Wer Wissenschaft und Kunst besitzt, der hat auch Religion, wer diese beiden nicht besitzt, der habe Religion), 루소(Zurück zur Natur)와 젤렌(Zurück zur Kultur)의 명언은 문화가 헌법학에서 차지하는 역할 때문에 매우 의미가 있다.

17) Smend는 국가의 규범목적(Rechtszwecke)과 문화목적(Kulturzwecke)을 언급하면서 "국가는 문화의 한 형태"라고 하고 있다. Smend, Verfassung und Verfassungsrecht, in: Staatsrechtliche Abhandlungen, 3.Aufl., 1994, S.161; (원전은 1928)

Menschenwürde als "Kulturanthropologische Prämisse" des Verfassungsstaates)"[18] 로 정착시키는 데 기여하게 될 것이다. 주지하다시피 법규범에는(특히 헌법에는) 그 공동체의 역사와 문화가 투영되어 나타나기에, 법과 문화가 매우 밀접하게 연관되어 작동하고 있는 이슬람 법질서의 연구는 "문화학으로서의 법이론" 연구를 심화시키는 매우 실증적 접근이 될 것으로 기대한다.

유럽인이라고 할 때 유럽이라는 국가가 없듯이 아랍인이라고 할 때 아랍이라는 국가 또한 없다. 아시아인이라는 용어가 단순히 아시아에 사는 사람을 지칭하는 의미로 사용되는 반면, 유럽인이나 아랍인이라는 단어는 단순한 지역적 의미 이상의 공통된 가치를 내재적 기반으로 함유한다(대다수의 유럽학자들은 이 공통가치를 기독교사상과 이슬람사상으로 본다). 따라서 유럽인과 아랍인이라는 단어는 아시아인이라는 단어보다는 더 강한 결속을 내포한 의미를 지니고 있다. 특히 아랍국(Arab Nation)이라는 단어는 중동 이슬람 국가의 헌법[19]에도 명문으로 규정될 만큼 그 내적 유대가 강하다. 때문에 아랍권 개별 국가의 실정법체계를 파악하기 위해서는 우선 아랍문화권에 공통의 기초 규범으로 자리매김 한 샤리아법체계를 연구하는 것이 필요하다.

---

18) Peter Häberle, 앞의 책, 623쪽.

19) 샤리아가 근본 규범으로 작용하는 나라가 다수이기에 이슬람 국가의 헌법의 성격을 어떻게 볼 것인가에 대한 논의가 있을 수 있다. 여기서의 헌법은 넓은 의미의 헌법(명목적, 장식적, 형식적, 실질적 헌법을 모두 망라하는)을 지칭한다.

근본토대(샤리아)

제3장 샤리아법

1. 배경지식

1) 초기 역사[1]

최초의 이슬람공동체는 예언자인 무함마드 이븐 압달리(Muhammad ibn Abdallah, 570~632)에 의해 622년 메디나에서 시작되었다. 무함마드는 아라비아 반도 히자즈의 메카 외곽에 있는 히라 산 정상의 동굴에서 기도를 하던 중 계시를 받았고(610년), 2년간의 침묵기를 지난후 612년에 이르러 메카에서 설교를 통해 개종자를 얻기 시작했다. 이 종교는 이슬람으로 불렸고 신자는 알라의 뜻에 완전히 순종하는 사람이라는 뜻을 가진 무슬림이라 일컬어 졌다. 당시 비잔틴 제국과

---

[1] Karen Armstrong, 장병옥 옮김, 이슬람, 을유문화사, 2008, 15ff.

페르시아 제국에서는 유대교와 기독교가 믿어지고 있었고 아랍인들 중 일부는 신을 의미하는 알라(Allah)가 유대인 및 기독교인들이 믿는 유일신과 같다는 것을 믿고 있었다. 무함마드는 아랍인들에게 새로운 신에 대해 새로운 교리를 이야기한 것이 아니다. 그는 새로운 종교를 창시한 것이 아니라 기존 아랍인이 가지고 있던 유일신에 대한 신앙을 물질만능에 대항하여 회복시키는 일을 한다고 스스로 인식하고 있었다. 쿠라이시(Quraysh)족의 대부분이 이미 알라가 세상을 창조했고 최후에 인간을 심판하실 것이라는 것을 믿고 있었지만 주변 부족과의 무역으로 많은 부를 축적하면서 약자를 배려하는 전통적인 관습들 대신 약자를 희생시켜 부를 축적하는 데 몰두하고 있었기 때문이다.

약 70개의 가문이 이슬람으로 개종했음에도 불구하고 메카의 세력을 장악하고 있던 유력한 가문들은 이슬람을 믿는 무슬림을 무시하였다. 심지어 무함마드가 전통관습을 무시하고 부족의 고유 신앙을 해체시킨다고 비난하기도 하였다. 초기 메카의 기득권 세력들은 무함마드에게 세력이 집중되는 것에 대해 우려를 했고 이 때문에 무함마드 씨족을 고립시키기 위해 무슬림과의 결혼과 무역을 금지하게 된다. 이런 영향으로 메카 북부의 야스립(오늘날 메디나)으로 622년 이주(히즈라)를 하는데 당시 야스립에 사는 부족은 대다수 유대교를 믿었기에 유일신 사상이라는 공통점을 가지고 그들을 위협하는 적에 공동으로 대처하기로 협의한다. 이 히즈라가 이슬람의 원년이다. 하지만 당시 사막에서 생존을 위해 공존하던 혈연중심의 사회에서 자기 부족을 버리고 이탈한다는 것은 용납될 수 없는 행동이었기에 쿠라이시족은 야스립에 있는 이슬람세력을 멸하기로 결정한다.

메카와의 전쟁으로 무슬림들이 전사하자 그 미망인들을 보호하기 위해 당시 성행하던 일부다처제가 코란(4:3)에서도 받아들여지게 된다. 반면 무함마드는 이 도시에 공존하던 부족 연합체의 장이 되었는데 당시 아라비아 반도의 연합공동체 형태는 혈연을 기반으로 하고 있었던 것에 비해 이 연합공동체는 이데올로기를 기반으로 하였다. 이들은 서로의 종교를 인정해 주고 상호 보호를 도모했다. 혈연 중심으로 생존을 담보하던 당시의 아라비아 사회에서는 이러한 형태의 사회가 유지될 수 있는지에 대해 강한 의문을 가졌지만 결국 이러한 새로운 형태의 연합은 부족간의 유혈복수가 끊이지 않던 아라비아 사회에 평화를 가져다 준 것으로 평가된다.

야스립에서 유대인세력과 갈등이 나타나기도 했는데 무함마드는 624년 기도방향을 예루살렘이 아닌 메카로 바꾸는 것을 결정한다. 이는 자신들을 무시하던 유대인과 기독교인들에 대해 독자성을 표시하는 행위였고 때문에 무슬림들의 지지를 받게 된다. 메카와 동맹을 맺고 강력한 군대를 보유하고 있었던 유대인 부족인 카이누카, 나디르, 쿠라이자 족은 메카군과의 전쟁에서 승리하며 세력을 굳혀가던 이슬람 세력에 대해 반란이나 암살을 시도하였으나 실패하여 결국 관습에 따라 모두 야스립에서 추방되게 된다. 메카군과의 전쟁에서 반역행위를 했던 쿠라이자 유대인 부족은 추방대신 몰살되고 그 자식들과 여성들은 노예로 팔려갔다. 메카군과의 전쟁에서 대승한 무함마드는 평화적 해결을 도모한다. 628년 지하드대신 메카로의 순례를 결정한 것이다. 순례자들은 무기를 소지하지 못해 쿠라이시 족에게 죽을 수도 있는 상황을 감수해야 했지만 약 천명의 무슬림이 하얀옷을 입고 메카로의 순례의 길에 오른다. 하지만 쿠라이시족은 자신들의 명예를 지키면서(아랍인이 성소인 카바로 접근하는 것을 막거나 순례자를 공격하는 것은 금지되어 있었기에) 무슬림들을 공격하기위해 급히 군대를 메카시 외곽으로 파견하지만 실패한다. 순례의 성공은 평화조약 체결을 이루어 냈고 이는 주변 베두윈 부족들에게 평화적 이미지를 주어 그들이 이슬람으로 개종하게 되는 계기를 마련하게 된다. 따라서 이슬람 세력이 점점 확장되기 시작한다. 630년 쿠라이시족이 무함마드 부족 연합체의 한 부족을 공격하여 이 조약을 위반한다. 이를 기화로 무함마드는 만명의 군대를 끌고 메카로 진군했고 쿠라이시족은 항복하게 된다. 메카에 입성한 무함마드는 성소 카바 주위에 존재하는 모든 우상을 파괴하여 유일신 사상을 공고히 한다. 이후 아라비아 반도에 거주하던 대부분의 부족은 부족 연합체인 움마(ummah)의 일원이 되거나 무슬림으로 개종을 했다. 움마에 속한 부족끼리는 서로 공격을 할 수 없었기에 아라비아 반도에 계속되던 부족간 유혈 복수극은 막을 내리고 평화가 찾아 왔다. 632년 예언자 무함마드는 자신의 아내 아이샤의 품에서 죽음을 맞이한다. 코란은 위와 같은 배경에서 초기 이슬람공동체에 발생한 문제들의 해결과 위기의 대응을 위해 21년 동안 무함마드가 받은 계시를 통해 완성된 것이다.

무함마드의 사후 예언자가 아닌 사람이 이슬람 공동체를 이끌어야 했기에 갈등상황에 봉착했을 때 이를 해결하기 위한 절대적 권위를 행사하는 것이 어려워 졌다. 또한 야스립의 소규모 공동체가 확대되었기에 조직적인 통치체계가 필요하기도 했다. 무함마드의 계승자가 된 정통칼리파 시대(632~661: 아부 바크르, 우마르, 우스만, 알리)에는 이슬람공동체인 움마의 가치를 보존하면서 영토를 확장해

갔다. 부족간의 충돌로 인한 힘의 낭비가 없어지고 그 대신 그 세력이 외부로 뻗어 나가기 시작한 것이다. 무함마드의 동료로서 다수 득표로 선출된 초대 칼리파 아부 바크르는 내부반란을 진압하여 아라비아 반도의 통일을 이루었고[2], 우마르는 이라크, 시리아, 팔레스타인, 예루살렘, 이집트 그리고 페르시아와 비잔틴 제국을 정복하였다. 우마르는 페르시아인 전쟁포로에게 메디나에서 살해당했다. 3대 칼리파인 우스만은 서쪽으로는 오늘날 북부아프리카의 트리폴리까지 그리고 동쪽으로는 이란, 아프가니스탄, 인도까지 그 세력을 확장했다. 무함마드와 혈족관계인 알리는 우스만이 반란세력에게 암살당한 후 4대 칼리파로 옹립된다. 암살세력에 의해 칼리파로 옹립된 알리는 암살범 처벌에 미진한 태도를 보였고 이는 내란의 도화선이 된다. 무함마드의 적이었던 아부 수피안의 아들 무아위야(Muawiyyah)는 우스만에 의해 시리아 총독으로 임명되는데 이는 무함마드와 함께 생활했다는 자긍심을 가진 메디나의 무슬림들에게 불만을 사게 된다. 그들은 아부 수피안의 자손들이 관직에서 배제되어야 한다고 생각했기 때문이다. 무아위야는 알리의 지위를 인정하지 않았다. 우스만이 그의 인척이었고 그는 우마이야 가문의 지도자로서 우스만의 복수를 해야 한다고 여기고 있었기 때문이다. 그는 시리아 지역을 다스리면서 유력한 메카 가문의 지원을 등에 입고 있었다. 그는 결국 알리를 폐위시키고 스스로를 칼리파로 선언한다. 알리는 종교적 극단주의자로 여겨지는 하와리즈파에 의해 661년 살해된다. 알리

---

2) 일부 부족장은 공동체 가입 협약이 무함마드와만 유효한 것으로 생각하기도 했다. 또 대부분의 베두윈 부족은 종교에 관심이 있었던 것이 아니라 현실적인 생존의 문제에 기인해 가입했기 때문에 무함마드 사후 움마에서 탈퇴하여 이전의 자유로운 상태로 돌아가려 했다.

를 지지했던 자들이 알리의 장남 하산을 지지했으나 그는 무아위야와 타협 후 메디나로가 669년 사망시까지 정치에 관여하지 않는다. 무아위야는 시리아의 다마스쿠스를 수도로 정하고 무슬림공동체 움마의 회복을 기했으나 무함마드와 정통 칼리파들이 정했던 수도가 메디나에서 다마스쿠스로 변경된 것은 단순한 수도의 이전으로 받아들여지지 않았다. 이를 통해 우마이야 왕조가 시작되었고 무함마드 가문의 사람이 칼리파가 되어야 한다고 주장했던 압바스 왕조가 시작되는 750년까지 그 세력이 계속 되었다. 압바스 왕조의 초대 칼리파인 아부 알 압바스 알 사파는 귀족가문임에도 우마이야 가문의 종족들을 학살하였다. 이후 중앙집권을 강화하기 위해 반대세력들을 숙청하기 시작한다. 무슬림으로 개종한 비아랍인(마왈리)의 불만이 우마이야 왕조가 붕괴하는데 작동했다는 것을 본 압바스 왕조는 아랍인에 대한 특권을 폐지하고 모든 지방을 평등하게 처우해 능력에 따라 관직에 등용하였다. 수도는 이라크의 쿠파로 옮긴 후 다시 바그다드로 옮겼다. 이러한 변화에 따라 정통칼리프시대와는 다른 절대군주제의 형태가 갖춰지고 군주가 알라와 대등한 위치를 차지하면서 많은 무슬림들의 마음이 이반되기 시작했다. 칼리파들은 무함마드의 정신보다는 지극히 세속적 가치에 따라 살았고 통치했다. 10세기에 들어 압바스 왕조는 분열되었고 칼리파는 움마의 명목상 지배자가 되었다. 이러한 현상은 1055년 셀주크 터키가 칼리파 자격을 인정받을 때 까지 계속되었다.

2) 초기 법제사

초기에 코란은 구전으로 전승되었다. 성스러운 말씀의 파수꾼으로 종교적 권위와 이를 통한 간접적 정치 권위를 보유하던 코란 낭송자 꾸라(qurra)들은 그러한 코란의 내용이 후에 3대 칼리파[3] 우스만의 명령으로 문서화 되면서 그 세력을 잃게 된다.[4] 무함마드 시대의 국가구조는 부족간 연맹의 형태를 가지고 있었지만 점차 중앙집권화된 국가형태를 갖추어 가게 되는데 이러한 중앙집권화에 기여한 것이 코란을 문서화함으로써 그 내용이 통일적으로 유지될 수 있도록 한 것에 있다. 이러한 배경은 서서히 이슬람의 법률체계를 형성시키는 출발점이 되었다.

문서화된 코란이 출간됨으로 인해 그 내용을 풀이하고 해석하는 즉, 코란의 주석학인 타프시르(tafsir)가 발전하게 된다. 이 시기에 코란의 율법규정을 해석하고 적용하는 푸까하(fuqaha)라는 법률가들(jurists)이 나타나는데 이들이 필요했던 이유는 당시 각 지역 관습법들과 코란의 율법이 충돌하는 경우 이러한 갈등상태를 해결할 필요가 있었기 때문이다.[5]

이러한 변화는 무함마드가 기왕에 관습법으로 존재하던 중재재판

---

3) 칼리파(khalifah, خليفة)는 무함마드 사후 무함마드의 지위를 '계승하는 사람(successor)'을 말한다. 하지만 무함마드와 같은 예언자(종교지도자)의 역할보다는 정치지도자로서의 역할이 더 부각되었다. 예언자 무함마드처럼 계시를 받는 것이 아니기 때문이다. 칼리파에 대한 자세한 내용은 Hans Küng, 손성현 역, 한스 큉의 이슬람, 시와 진실, 2012, 317 ff.

4) 위의 책, 341 f.

5) Hans Küng, Islam-Past, Present, and Future, The American University in Cairo Press, 2007, 180쪽; 본 책에서는 "Hans Küng, 손성현 역, 한스 큉의 이슬람, 시와 진실, 2012"의 번역내용보다 원서의 내용을 직접 보는 것이 필요하다고 생각되는 부분에 한해 원서를 직접 인용하였다. 원서는 2004년에 출판된 독일어본(Der Islam: Geschichte, Gegenwart, Zukunft)이 아닌 영어본을 사용하였다.

제도를 받아들여 분쟁사건의 재판관으로 활동하던 것을 계수한 칼리파의 역할이 점차적으로 분쟁재판관으로서보다는 입법자로서의 역할과 기능을 강조하는 방향으로 흐르는 계기를 제공해 준다.[6] 이러한 흐름은 정복지역에 존재하던 기존의 관습법을 무력화시키는데 일조하게 된다.[7]

여하튼 이러한 배경에도 불구하고 초기 4명의 칼리파 시대[8]에는 이슬람법의 특수한 체계가 형성되지 않았고 예언자 무함마드의 시대처럼 법과 종교가 분리되어 있었다.[9] 이 시기에 코란은 이슬람법 체계 형성을 위한 지침(preamble, preface)정도의 역할을 감당했을 뿐이지 법원(法源)으로서의 지위를 차지한 것은 아니었다. 아랍민족이 주변지역을 점령해 감에 따라 로마·비잔틴과 사산·페르시아의 행정제도와 법률체계를 받아들이게 되면서(로마가 그리스의 문화를 받아들인 것처럼) 그들이 사용하던 법률 개념과 해석방법도 같이 수용하게 되었다.[10]

4대 칼리파가 암살되고 우마이야 가문의 무아위야가 5대 칼리파로 등극하면서 중앙집권적 권력구조형성에 더욱 박차를 가하게 된다. 이 시기에 척박한 사막에 위치한 메디나를 대신하여 4천년 역사

---

6) Hans Küng, 손성현 역, 앞의 책, 348 f.

7) vgl. 위의 책, 349쪽.

8) 무함마드 사후 장인인 '아부 바크르'가 그의 후계자로 이슬람공동체를 이끌었고(1대 칼리파), 2대 칼리파로는 아부 바크르에 의해 지명된 '우마르 이븐 알 까탑'이 3대로는 '우스만 이븐 아판'이 4대로는 무함마드의 사촌이자 사위인 '알리 이븐 아비 딸립'이 추대 되었다. 칼리파 우마르를 살해한 세력이 4대 칼리파를 추대했기에 칼리파 알리는 출발부터 불안한 지위에 있었으며 시리아의 총독이면서 막강한 세력을 가지고 있던 칼리파 우스만의 사촌인 '무아위야 이븐 아비 수프얀'은 살해세력을 강력히 처벌해야 한다고 주장했다. 이러한 불안한 정세는 결국 내전으로 이어지게 된다, 위의 책, 350 ff.

9) Hans Küng, 손성현 역, 앞의 책, 349쪽.

10) 위의 책, 349 f.

를 지닌 다마스쿠스로 정치·종교의 중심지가 이동하게 된다. 이는 이슬람이 윤리의 종교에서 법의 종교로 패러다임 전환을 시작하게 하는 계기가 된다.[11] 우마이야 가문이 집권하면서 급속히 성장한 이슬람 제국을 통합시키기 위한 시도들이 행해졌는데 화폐개혁, 당시 교양어로 인식되던 그리스어와 페르시아어 대신 아랍어를 공용어로 선언, 비잔틴 예술양식의 이슬람화, 통일 법체계의 형성 등을 그 예로 들 수 있다.[12]

이러한 시대 배경은 샤리아법이 탄생하는 계기가 되었다. 재판관(까디 qadi)이 임명되고 전문적인 법학자(파끼흐 faqih)도 양성되었다. 이러한 상황은 이슬람법학(피크 fiqh 혹은 피끄흐 fiqh)을 형성시키는 바탕이 되게 된다.[13] 재판관인 까디의 판결은 이슬람법의 토대가 되었지만 까디들은 재량판단(라이 ray)을 할 수 있었기 때문에 판결이 통일되지 않았다.[14] 물론 지역적으로 다르게 형성된 관습법이 통용되고 있었기에 이러한 상황이 판결의 통일을 저해 하였던 것은 물론이다. 초기 까디들의 판결을 보면 판단의 근거로 코란이나 무함마드의 언행보다 인간의 이성을 사용한 것들이 발견된다.[15]

경건한 사람들 중에는 코란의 해석을 통해 법적인 문제에 대한 토론을 하고 갈등을 해결할 수 있는 지침(파트와 fatwah)을 제공해 주는 사람이 있었는데 이들은 공직을 수행하는 사람들이 아니었다. 따라서 이들의 목적은 이슬람의 가치를 사회전반에 걸쳐 실현하는 것이었지

---

11) 위의 책, 394 f.
12) 위의 책, 382 ff.
13) 위의 책, 395쪽.
14) 위의 책, 396쪽.
15) 위의 책, 396쪽.

국가의 사법작용을 돕고자 하는 것이 아니었다. 이들은 코란과 무함마드의 언행에 비추어 시행되고 있는 관습법과 까디의 판결이 정당한지를 판단하는 기능을 수행하였던 것이다. 이들을 통해 각 지역의 관습법이 서서히 이슬람화 되면서 이슬람종교법의 형태를 가진 통일적 모양을 갖추게 된다. 사람들은 기도, 상속, 결혼, 이혼, 단식, 기부금 등등의 문제와 관련해 종교적 혼란에 빠질 때 이들을 찾아와 해답을 얻어가곤 했고 이러한 상황은 이러한 경건한 법학자[16]들이 대중의 신망을 얻게 해주는 바탕이 되었다.[17] 이러한 경건한 법학자들이 증가함에 따라 이슬람 법학파(law school)가 형성되기 시작하였다.[18]

3) 이슬람 법학파

총 114장 6,236절로 되어 있는 코란의 내용 중 샤리아의 기초가 되는 구절들이 있다. 이러한 코란의 구절을 해석하는 과정에서 의견의 차이가 나타났다. 이러한 차이는 학파를 만들었고 때로는 통치권자인 칼리파(Khalifah)와 해석의 충돌을 일으켜 이슬람 법학자들이 압제에 시달리기도 하였다.

또한 샤리아법의 역사적 발전 과정의 특이성 때문에 이슬람 세계의 법질서를 언급할 때 명명되는 샤리아법이 통일된 법전이 없음에도 있는 것처럼 오해되는 경우도 있다.

우마이야 왕조 후기에 법학자의 수가 증가하고 전문화됨에 따라

---

16) 대표적 인물로는 쿠파(현재 이라크 지역) 최초의 법학자인 '이브라힘 알 나카이'가 있다. 위의 책, 399쪽.

17) 위의 책, 397-399쪽.

18) 위의 책, 399쪽.

법학파가 형성되었다. 이들은 대중의 존경과 지지를 받았지만 공식적으로 통일된 조직은 아니었다. 지역마다 다른 관습법을 토대로 하여 법이론을 정립하였기에 학파 간의 차이는 초기에는 법의 원리나 원칙에 대한 해석방법의 차이에서 기인된 것이 아니고 지리적 위치에 따른 차이에 따른 것이었다. 다만 이러한 지역적 차이를 인식하여 학자들이 '합의(이즈마 ijma)'를 이루고자 노력하였다. 즉 모든 학파의 동의를 얻어 모순을 최대한 제거하려 했던 것이다.[19]

문화적 발달이 융성했던 곳에서 많은 법률학파가 생성되었지만 오늘날까지도 남아서 주요한 활동을 하는 학파로는 말리크파, 하나피파, 샤피이파, 한발리파를 들 수 있다. 이어 각 학파에 대한 내용을 살펴보겠다.[20]

(1) 말리크파(The Malikite law school)

말리크파는 말리크 이븐 아나스(Malik ibn Anas, 710~795)와 그의 제자 이븐 알 까심에 의해 형성되었다. 아라비아 반도, 이집트, 스페인까지 그 영향력이 미쳤으며 오늘날에도 마그립, 아라비아 동부 해안, 북부 이집트, 모리티니 공화국, 나이지리아에서 영향력을 미치고 있다.

이 학파는 순나를 엄격히 지키며 강한 보수적 색채를 지닌다. 말리크가 철저히 하디스에 의존하였음에도 불구하고 최고의 판단준거로 삼았던 것은 메디나 지역의 합의(이즈마 ijma)된 관습법이었기에 메디나 지역의 사람들은 그의 가르침을 적극 수용했다.

---

19) Hans Küng, 손성현 역,『한스 큉의 이슬람』, 시와 진실, 2012, 399f.
20) 위의 책, 496ff.

(2) 하나피파(The Hanafite law school)

하니피라는 이라크 쿠파(Kufa) 출신으로 부유한 포목 장사였던 아부 하니파(Abu Hanifa, 699~767)에 의해 형성되었다. 압바스 왕조 때 공식적으로 활동을 하였으나 왕조의 몰락과 함께 세력을 잃고 이후 오스만 왕조 때 다시 공식적인 학파로 활동했다.

현재 이집트, 시리아, 이라크, 터키, 발칸반도에 강력한 영향력을 미치고 있다. 인도, 파키스탄, 중앙아시아에서는 중요인물이 배출되기도 했다.

전체 무슬림 인구의 1/3 정도가 지지하는 이 학파는 이슬람법에 대한 유연한 접근을 그 특징으로 한다. 때문에 재판관의 재량(라이 ray)을 폭넓게 인정한다.

(3) 샤피이파(The Shafiite law school)

샤피이파는 무함마드 이븐 이드리스 알 샤피이(Muhammad ibn Idris ash-Shafii, 767~820)에 의해 형성된 학파이다. 팔레스타인 가자에서 태어났으며 여행을 많이 하면서 이슬람법이 지역에 따라 차이를 나타내는 것에 문제점을 느끼고 통일적 법을 마련하려고 하였다. 말리크파와 하나피파의 이론을 통합하였고, 그의 저서 리살라(Risala)는 그를 이슬람 법학의 아버지로 자리매김해주었다.

그는 자의적 법 적용의 가능성을 배제하기 위해 코란, 순나, 키야스, 이즈마를 법원으로 도입하였다. 이를 통해 순나는 코란과 동등한 자리로 격상되었고, 키야스나 이즈마를 통해 나온 결과의 가치는 격하되었다. 무함마드가 행한 코란의 해석(하디스 Hadith)이 코란과 동일시되는 결과를 가져옴으로 말미암아 지역적 차이를 넘어 법의 통일성이 유지될 수 있었던 것이다. 하지만 법의 유연성과 유동성은 급속히 퇴조했다.

이런 상황은 지역의 관습을 중시하던 메디나 사람들이나 법의 유연적 적용을 강조하던 쿠파 사람들과 조화되기 힘들었지만 순나의 권위를 이전처럼 코란을 통해 반박하기는 힘들어졌다.

이 학파는 이집트와 바그다드로 확산되었고 압바스 왕조, 오스만 왕조 중기에는 이집트를 중심으로 번영기를 맞았다. 현재 북부 이집트, 시리아, 남부아라비아, 동부아프리카, 남동부아시아 등에서 많은 세력을 형성하고 있다.

(4) 한발리파(The Hanbalite law school)

한발리파는 아흐마드 이븐 한발(Ahmad ibn Hanbal, 780~855)에 의해 형성되었다. 그는 알 샤피이에게서 배웠으나 그의 가르침 또한 많은 재량을 허용하고 있다고 생각하였다. 코란과 하디스의 문자적 의미가 퇴색하면 안 된다고 생각한 것이다.

이 학파는 코란과 순나의 엄격한 자구 해석과 샤리아의 엄격한 준수를 가르침으로 했다. 다만 명백히 금지되지 않은 것에 대해서는 개방적 태도를 견지해 다른 학파들과는 달리 계약법이나 무역법에 대해서는 매우 자유로웠다.

이란을 중심으로 세력이 확장되었고 수적으로는 소수이지만 사우디아라비아와 아랍에미리트 연방공화국에 그 지지자들이 있다.

2. 샤리아의 개요[21]

통상 '샤리아(Shariah)'라고 지칭되는 어의적 의미는 '마실 수 있는 물의 원천'이라는 뜻과 올바른 길 또는 똑바른 길'[22] 혹은 '물 마시는 곳으로 이끄는 길'[23]이라고 한다. A.D. 8~9세기에 걸쳐 체계화된 '이슬람의 성법(聖法)'[24]이라고 정의된다. 샤리아학으로는 4가지 분야를 언급하는데, ① 무함마드의 언행록인 하디스(Hadith), ② 코란의 주석학인 타프시르(tafsir), ③ 신학인 칼람(kalam), ④ 법학인 피크(fiqh)[25]가 그것이다.

샤리아의 법원(法源; 우술 usul)으로는 **코란**, 하디스에 기록된 관습인 **순나**(Sunna), 공동체의 합의인 **이즈마**(ijma), 유추를 통한 추론법인 **키야스**(qiyas)의 4가지를 통상적으로 제시한다.[26]

사회발전에 맞추어 법이 제정되거나 개정되는 대륙법계나 영미법계와는 달리[27] 샤리아는 불변의 영원성을 가지고 있다고 생각하는 것

---

21) 졸고, 「이슬람 법질서의 공법적 구조분석-샤리아법과 헌법 그리고 국가조직법」, 『공법학연구』, 제10권 제3호, 2009의 내용 중 관련부분을 옮겨왔다.

22) 이원삼, 『이슬람법사상』, 대우학술총서 522, 아카넷, 2002, 19쪽.

23) 브리태니커(http://www.britannica.co.kr), 검색어: 이슬람 법률

24) 이를 체계화하는 과정에서 각 법학자의 의견차이가 있어 학파가 나뉘어졌다; 통치권에 대한 정통성 계승문제로 인해 이슬람 세계는 수니파(Sunni)와 시아파(Shiite)의 2대 주요 분파로 나뉘었고 수니파 내에서 4개의 법학파가 갈라졌다. 현재 이슬람신자(무슬림)의 90% 정도가 수니파에 속한다.

25) "이슬람법인 샤리아의 정확한 용어를 확인·조사하는 학문이라는 의미이다." 브리태니커(http://www.britannica.co.kr), 검색어: 피크; 어의적 의미는 "완전한 이해와 아는 것" 혹은 "말하는 사람의 의도를 이해하는 것"을 말한다. 이원삼, 앞의 책, 22쪽.

26) 브리태니커(http://www.britannica.co.kr), 검색어: 샤리아; Said Ramadan, Das Islamische Recht, 2.Aufl. 1996, 33쪽.

27) 예링(Rudolf von Jhering)은 다양한 문화적 가치와 개인적 법익을 조정해 나가는 '올바른 법'은 사회의 진화와 함께 변하기 때문에 "정의는 필연적으로 공간적으로(사회에 따라, 하위집단에 따라) 시간적으로 상대적이다"라고 보기도 한다. Leopold Pospisil, 이문웅 역, 『법인류학』, 민음사, 1992, 402쪽.

이 큰 차이점이다. 이는 법의 제정 주체가 인간이라고 보는 서구 세계와는 달리 샤리아의 제정 주체가 신이라고 보는 것에서 기인하는 것이다. 즉 샤리아는 절대자가 만든 법이기에 완벽한 법이며 시간과 공간의 제약이 없이 보편적으로 적용되는 규범이라는 것이다.[28] 이에 반해 샤리아(코란과 하디스)는 무함마드를 통해 계시된 '신의 법(Gottes Gesetze)'이지만 '신은 아니다(Sie sind nicht Gott)'라는 견해도 있다.[29]

초기 이슬람 국가는 법과 종교가 분리되어 존재했고 로마식이나 페르시아식 통치질서와 유사한 구조를 가지고 있었으나 독실한 무슬림 학자들에 의해 법이 재해석되기 시작했고 이러한 해석의 기준으로 우술(usul: 法源)을 확립하였다. 샤리아학 중에서 법학인 피크(figh)는 샤리아와 동일시될 정도로 우월적 지위를 차지하였고, 이슬람 법학의 연구방법론으로 확립한 학문이 '우술 알 피크(usul al-figh)'[30]이다.[31]

코란에 나오는 규범은 신조규범(Ahkam Itiqadiyah), 예절규범(Ahkam Khalqiyah), 행동규범(Ahkam Amaliyah)의 세 가지로 분류가 된다고 한다.[32] 이슬람 법학인 피크의 대상이 되는 것은 세 번째의 행동규범에 관한 것이며, 이는 다시 넓게는 두 영역으로 나뉜다. 첫 번째는 '피크 알 이바다(figh al-ibadah)'로서 인간과 신과의 관계에

---

28) 이원삼, 앞의 책, 32ff; 브리태니커(http://www.britannica.co.kr), 검색어: 이슬람 법률.

29) 단순히 샤리아를 '제정일치(Theokratie)' 국가의 법으로 치부하는 것은 이슬람교의 기초를 제대로 이해하지 못하고 있기 때문이며, 이러한 오류는 비무슬림 학자에게서만 나타나는 것이 아니라 역사를 서구식으로 이해하고 있는 무슬림 학자들에게서도 발견된다고 하면서 이슬람 세계에서의 성직자 위계구조는 매우 복잡한 내용을 가지고 있기에 샤리아법은 제정일치라는 개념과 연결될 수 없다고 한다. Said Ramadan, 앞의 책, 54ff.; 그는 '제정일치'라는 용어 자체가 서구적 개념이라고 한다.

30) "구체적 법원을 근거로 행위에 대한 규범을 제정하기 위한 법칙과 연구 방법론을 다루는 학문." 이원삼, 앞의 책, 24f.

31) 브리태니커(http://www.britannica.co.kr), 검색어: 이슬람 법률, 샤리아, 피크, 우술알피크.

32) 이원삼, 앞의 책, 64쪽.

관한 내용들이고, 두 번째는 '피크 알 무아마라트(figh al-muamalat)'
로서 인간과 집단 상호 간의 관계에 관한 것이다.[33]

1) 피크 알 이바다(figh al-ibadah)

협의로는 종교적 의례인 '이슬람의 다섯 기둥', 즉 샤하다(shahadah),[34]
살라트(salat),[35] 자카트(zakat),[36] 사움(Ṣawm),[37] 하즈(hajj)[38]를 의미한
다. 광의로는 신과 예언자에 대한 사랑, 경외감, 감사, 의탁과 효도, 선행
등 인간들의 모든 행위를 말한다.

2) 피크 알 무아마라트(figh al-muamalat)

이슬람 세계의 법적 규범을 말하며 공평과 정의를 기초로 한 피크

---

33) 위의 책, 45ff.

34) (아랍어로 '증언'이라는 뜻) 이슬람교도의 신앙고백. "알라 외에는 신이 없다. 무함마드는 알라의 사
도(使徒)이다"라는 말이다. 샤하다는 이슬람의 5개 기둥(arkān al-Islām) 중 첫 번째의 것이다. 그것
은 모든 이슬람교도가 큰 소리로 정확하게, 그리고 단호하게 그 의미를 충분히 이해하고 마음속으
로 인정하면서 적어도 일생에 1번은 암송해야 한다." 브리태니커(http://www.britannica.co.kr)

35) 정해진 방식으로 매일 5번씩 하는 기도의식

36) "이슬람교도들이 의무적으로 내야 하는 세금으로 이슬람의 다섯 기둥 중의 하나. 자카트는 다
음 5가지 범주의 재산, 즉 곡물, 과일, 가축(낙타·소·양·염소), 금·은, 동산(動産)에 부과되
며 소유한 지 1년 뒤부터 매년 지불해야 한다. 종교법에 의해 규정된 부과액은 범주에 따라 다
르다. 자카트 수령인으로는 빈궁한 자들, 세리 자신들, 그리고 위로해줄 필요가 있는 사람들,
예를 들면 불화 중에 있는 부족, 채무자들, 지하드[聖戰] 지원자, 순례자 등이 있다. 칼리파 통
치하에서 자카트의 징수와 지출은 국가의 기능 중 하나였다. 그러나 비종교적인 세금이 증대
하면서 자카트를 효과적으로 규정하고 완전히 징수하기는 점점 더 어려워졌다. 현대 이슬람
세계에서는 샤리아(이슬람 법)가 엄격히 지켜지고 있는 사우디아라비아와 같은 나라들을 제외
하고 자카트는 개인의 자발성에 맡겨진다. <코란>·<하디스>(무함마드의 언행록)에서도 사
다카(자발적인 자선)를 강조하고 있다. 이것도 자카트처럼 궁핍한 사람을 위해 쓰이게 된다."
브리태니커(http://www.britannica.co.kr)

37) 종교절기인 라마단 기간 동안의 금식

38) 메카로 가는 성지순례

알 이바다(figh al-ibadah) 외의 모든 규범[39]을 말한다. 이 내용으로는 매매, 이자, 저당, 토지사용, 개간, 보증금, 합자, 양도, 선매권, 대리, 위탁, 수집물, 식물, 희생, 수량, 보증, 관개, 화해, 재판, 판결, 증언, 후견, 부양, 양육, 상속, 증여 등이 있다고 한다.[40]

3. 샤리아의 내용

일반인에게 일반적으로 알려진 샤리아법의 내용으로는 '배교행위와 노상강도는 사형, 절도는 손을 절단, 혼외정사인 경우 돌로 쳐 죽임, 부양이 가능한 경우 4명까지 부인을 둘 수 있음' 등이 있으나 이러한 내용보다는 더 세분화된 구조를 가지고 있다.

1) 형벌에 관한 규범[41]

작위・부작위에 의해 공공복리를 침해하는 경우 처벌을 하는데, 이 공공복리는 종교(배교금지), 생명(살인, 상해금지), 이성(음주, 환각금지), 명예(간음, 순결에 대한 무고금지), 재산(강도, 절도금지)에 관한 다섯 가지 영역으로 요약 분류된다.

처벌은 hudud(고정형), qisas(동형동태형), taazir(교정형)으로 구분

---

39) 이 영역의 규범들을 이슬람 법학 전문 용어로 Ahkam al-muamalat라고 부르며 이를 다시 신분법에 관한 규범(ahkam al-ahwal al-shakhsiyah), 민법에 관한 규범(al-ahkam al-madaniyah), 형법에 관한 규범(al-ahkam al-jinaiyah), 형사소송법에 관한 규범(ahkam al-murafaat), 헌법에 관한 규범(al-ahkam al-dusturiyah), 국제법에 관한 규범(al-ahkam al-duwaliyah), 재정법에 관한 규범(al-ahkam al-iqtisadiyah)으로 나눈다고 한다. 이원삼, 앞의 책, 64f.; 코란에 이러한 규범영역과 관련된 구절은 각각 약 70절, 70절, 30절, 13절, 10절, 25절, 10절 정도가 찾아진다고 한다.

40) 위의 책, 51f.

41) 위의 책, 52ff.

된다. 고정형은 코란이나 순나 본문에 나오는 형벌이다. 예를 들면 살인자를 사형에 처하고, 절도자는 손을 절단하는 경우가 있다. 동형동태형도 역시 코란이나 순나에 직접 규정이 되어 있는 형벌로 가해행위와 동일한 형태의 형벌을 가하는 것이 특징이다. 예를 들면, 살인자는 사형에 처하며, 손 절단 범죄자는 같이 손을 절단하는 것과 같은 것이다.

고정형과 동형동태형은 그 처벌이 매우 극단적이고 강력하기 때문에 샤리아 체계 내에서 매우 세부적인 엄격한 구성요건들을 규정해놓고 있다. 이러한 조건이 충족되지 못하면 고정형이나 동형동태형을 선고할 수 없게 되어 있다. 동형동태형에서는 디야(diyah)를 지불하고 감형을 받는 경우가 허용되는데, 과실치사의 경우나 피해자가 동의한 경우 그리고 엄격한 구성요건 모두를 충족시키지 못해 형을 확정하지 못하고 있는 경우에 그렇다.42)

대다수의 형벌은 교정형에 속하는데 코란과 순나에 그 형벌이 규정되지 않은 모든 죄에 적용된다. 고정형과 동형동태형이 시간과 장소의 한계 없이 보편적으로 적용되는 형벌이라면 교정형은 샤리아의 확장성과 유동성에 맞추어 시간과 장소에 영향을 받는, 즉 사회 제반 현상을 수용하여 규정되는 형벌이다.43) 이러한 교정형의 확정은 피크학자들이 하며 고정형과 동형동태형의 엄격한 구성요건을 충족하지 못해 형이 확정되지 않는 경우에도 교정형을 적용해 형을 확정한다.44)

---

42) 동형동태형과 고정형은 7가지 면에서 차이가 있다고 한다. 동형동태형은 '판사의 재량, 피해자가 사망한 경우의 상속, 집행유예, 오랜 시간 경과 후의 살인 목격자의 증언, 수화나 암시의 채택, 변호'가 허용되나 고정형은 그렇지 않고 동형동태형은 친고죄에 속하나 고정형 중 무고나 절도는 고발이 없어도 처벌이 가능하다고 한다. 위의 책, 56쪽.

43) 고정형은 신이 제정한 법이기에 무흠하고 교정형은 인간이 제정한 법이기에 그 판결에 의문이 제기 될 수 있다고 한다. 위의 책, 57쪽.

2) 통치규범과 권리영역

코란 42장 38절[45])에 보면 "일을 처리함에 상호 협의하며"라는 구절이 나온다. Köln 법과대학 출신인 Ramadan 박사는, 이 구절 속에 헌법상 국민주권의 원칙이 들어있다고 주장하며,[46] 신에 대한 순종을 요구하는 4장 59절은 국가권력이 신과 코란의 권위를 준수하여야 하기에 국가권력을 제한하는 근거가 된다고 한다.

정치영역에 있어서 비무슬림인이 선거권을 갖거나 국회의원으로 피선거권을 갖는 것이 허용되느냐가 문제되는데, 이는 이미 메디나 헌법(Verfassung von Medina)[47])의 규범에 의해 허용된다고 한다. 이에 의하면 무슬림이건 비무슬림이건 동일한 권리와 의무를 지닌다고 규정되어 있다는 것이다. 문제는 입법권을 행사함에 있어 코란과 순나에 위배되는 법률을 제정하면 안 되는데, 이러한 문제점은 헌법에 코란과 순나에 위배되는 법률을 제정하는 것은 의회의 권한에 속하지 않는다고 명문으로 규정함으로써 해결할 수 있다고 한다.[48]

자유의 보장 정도에 관해서는 무슬림과 이슬람 국가의 시민인 비무슬림이 동일한 정도로 보호를 받으며 기본적 인격권에 대한 불가침의 보호는 신이 모든 인간에게 요구하는 정의의 토대라고 한다. 때문에 언론출판의 자유나 직업선택의 자유, 양심실현의 자유, 국적선택의 자유, 거주이전의 자유 같은 권리들은 무슬림과 비무슬림에

---

44) 위의 책, 57쪽.

45) 코란의 장은 수라(Sura)로 절은 아야(Aya)라고 불리나 본 서에서는 장과 절로 표기한다.

46) Said Ramadan, 앞의 책, 67쪽.

47) 622년 무함마드가 창립한 이슬람공동체가 시작된 곳.

48) Maudoodi, Islamic Law and Constitution, S. 189. Said Ramadan, 앞의 책, 155쪽에서 재인용.

게 공통으로 보호되며, 이러한 근거는 모든 행위에 대한 책임은 개인이 신 앞에서 진다는 코란 74장 38절이라고 한다.[49)]

위법한 행위로 타인의 자유를 침해하는 것은 허용되지 않는다. 때문에 개인의 자유가 무한히 허용되는 것은 아니기에 제한될 수 있는데, 그 제한은 이미 이슬람법인 샤리아에 규정이 되어 있다고 한다.[50)] 특별히 이슬람 국가는 비무슬림 국민의 권리 보호에 주의를 기울여야 하고, 이러한 것은 계약의 상대방에게 가혹한 부담을 지우는 것을 금지하는 샤리아에서 확인할 수 있다고 한다.[51)] 그밖에 국제법에 관한 규정들도 코란에 있다고 한다.[52)]

1951년에는 '이슬람헌법의 기본원칙(Basic Principle of an Islamic Constitution)'이 31명의 이슬람 법학자들에 의해 만장일치로 결의되었다.[53)]

그 내용을 살펴보면, 국가는 의식주, 의료, 교육, 실업문제, 질병에 관한 인간의 기본필요를 보장해야 하고 종교와 인종으로 인해 이러한 내용이 차별되지 않으며(제6조), 시민에게는 이슬람법(샤리아)에 따라 인정된 '법의 테두리 내(im Rahmen des Gesetzes)'에서 생존권, 재산권, 양심과 종교의 자유, 표현의 자유, 직업선택의 자유, 거주이전의 자유, 평등권을 관계기관에 요구할 권리를 가지며(제7조), 적절한 변호와 재판 없이 형사 처분을 받지 않는다(제8조)고 규정되어 있다.

비무슬림시민은 법(Gesetze)의 테두리 내에서 완전한 종교의 자유

---

49) Said Ramadan, 위의 책, 157쪽.

50) 위의 책, 158쪽.

51) 위의 책, 158쪽.

52) 코란 49장 13절 등. 위의 책, 67ff.

53) Maudoodi, Islamic Law and Constitution, S. 197, 199. Said Ramadan, 위의 책, 158쪽에서 재인용.

를 향유하며 인격의 실현을 위해 자신의 종교서적과 풍속, 관습을 따를 권리를 요구할 수 있고(제10조), 국가는 샤리아법의 테두리 내에서 비무슬림 시민에게 보장되는 권리를 완전하게 실현시킬 의무를 가지며 그 의무에는 국적에 관한 권리도 포함된다(제11조)고 규정되어 있다.

국가통치권은 경건함과 학식 그리고 건전한 판단능력에 관해 국민으로부터 혹은 국민의 대표자들로부터 전적인 신뢰를 획득한 무슬림인 남성에게 부여되며(제12조), 최고통치권자의 권한 행사는 단독행사가 아닌 합의형식으로, 즉 정부의 책임자들과 국민이 선택한 대표자들과의 논의를 통해 행사된다(제14조)고 규정되어 있다.[54]

---

54) Said Ramadan, 위의 책, 158f.

제4장 이슬람 법원(法源)

코란, 하디스, 순나가 법원이 된다는 것에는 이론이 없으나 이즈마와 키야스가 법원이 된다는 것에는 이론이 있다. 이하에서는 코란, 하디스, 순나, 이즈마, 키야스에 관해 살펴본다.[1]

1. 코란

코란은 보통 신이 무함마드에게 인간의 구원을 위해 아랍어로 계시한 말씀 혹은 신성한 지침서라고 정의된다. 114장, 6,236절, 77,437낱말, 323,671글자로 구성되고,[2] 1장을 제외하고는 구절 수가

---

1) 졸고, 「이슬람 법질서의 공법적 구조분석—샤리아법과 헌법 그리고 국가조직법」, 『공법학연구』, 제10권 제3호, 2009의 내용이 부분적으로 포함되어 있다.
2) 공일주, 『코란의 이해』, 한국외국어대학교출판부, 2008, 171f.

많은 순서대로 편제되어 있다. 넓은 의미에서 코란은 경전과 법전의 기능을 겸하고 있다고 보아도 무방하다.

메카 시대의 계시들은 예언적이고 감성적인 반면, 메디나 시대의 계시들은 율법적이고 딱딱하다. 무함마드는 문맹이었다고 코란에 기록되어 있다.[3] 때문에 코란을 활자로 기록한 것은 무함마드가 아니라 후대의 신자들이 무함마드의 구전을 통해 기록한 것이다.

이하는 1997년(A.H. 1417) 사우디아라비아 메디나에 위치하고 있는 파하드 국왕 꾸란 출판청에서 발행한 『성 꾸란, 의미의 한국어 번역』판을 기준으로 코란의 내용을 개관한 것이다.[4]

제1장 알파티하(개경 開經): 7절로 구성되어 있다. 무슬림이 하루 다섯 차례의 예배를 통해서 최소 17회 이상 암송하는 부분이다.
제2장 바까라(암소): 286절로 전체 코란에서 가장 긴 장이다. 건국 초기에 해당하는 메디나 시절에 계시되어 국가를 구성하는 규범(Shariah)을 약 2/3 정도 할애해 언급한다.
제3장 이므란(이므란의 가문): 메디나에서 계시된 200절로 구성되어 있다. 신앙생활의 중요한 두 가지 교훈인 알라의 유일성에 관한 신앙과 예증과 이슬람법과 성전(聖戰)에 관해 언급한다.
제4장 니싸아(여성들): 메디나에서 계시된 176절로 구성되어 있다. 여성, 가정, 가족, 국가 및 사회법에 관한 이슬람 율법을 기술한다. 여성의 장(An Nisa)이라고도 불린다.
제5장 마이다(식탁): 샤리아를 설명하고 있다. 유대교와 기독교에 관해 언급하며, 예수가 행한 기적에 관해 언급한다.
제6장 안암(가축): 165절의 메카 계시로 창조주로서의 유일신과 피조물, 계시 및 메시지, 부활과 보상을 다룬다.
제7장 아으라프(천국과 지옥 사이에 있는 울타리): 메카에서 계시되었고 206절로 되어 있다(메카 계시 중 가장 길다). 노아, 후드,

---

3) 파하드 국왕 꾸란 출판청, 성 꾸란, 의미의 한국어 번역, 1997, 7:158 해설 2) 참조.
4) 장 제목의 한글 해석은 공일주, 『코란의 이해』, 한국외국어대학교출판부, 2008을 참조하여 비교 반영하였다.

살레, 롯, 수와이브, 모세 등 예언자에 대해 상세히 다룬 장이다.

제8장 안팔(전리품): 메디나에서 계시되었고 75절로 구성되어 있다. 바드르 전투 승리 이후 계시되었고 전쟁 전리품 분배, 포로처우 등에 관한 율법이다.

제9장 타우바(회개): 129절로 되어 있다. 이교도에 대한 최후 경고를 담고 있으며 이교도와의 계약이나 동맹에 관한 내용이다.

제10장 유누스(요나): 메카 계시이며 109절로 되어 있다. 창조주의 존재, 성서, 선지자, 내세 및 부활에 관한 원리가 기술되어 있다.

제11장 후드(예언자 이름임): 메카 계시이며 123절로 되어 있다. 유일신 사상, 부활, 보상에 관한 내용이다.

제12장 요셉: 메카 계시이며 111절로 구성되어 있다. 구약성경의 요셉 이야기와 흐름이 같다.

제13장 라아드(천둥): 메디나 계시이며 43절로 구성되어 있다. 신의 유일성, 부활, 보상을 언급한다.

제14장 아브라함: 메카 계시이며 52절로 구성되어 있다. 모세의 율법과 아브라함의 기도가 주요 내용이다.

제15장 히즈르(지역 명칭임): 메카 계시이다. 99절로 구성되어 있다. 유일신, 부활, 심판을 다루고 있다.

제16장 나흘(꿀벌): 메카 계시이며 128절로 구성된다. 벌이 창조주의 신비를 담고 있는 것으로 이해된다. 신관, 계시, 부활 등에 관한 이슬람의 근본이념을 다루면서 자연을 통해 창조주의 섭리를 나타내고 있다.

제17장 이스라(밤 여행): 메카 계시이며 111절로 구성된다. 인류 초기의 정신세계와 이슬람 공동체(움마)에 대해 기술하고 있다.

제18장 카흐프(동굴): 메카 계시이며 110절로 구성된다. 신앙의 추종자, 모세의 스승, 두 개의 뿔을 가진 통치자의 이야기로 구성된다.

제19장 마르얌(마리아): 메카 계시이며 98절로 되어 있다. 예수의 어머니 마리아에 대한 이야기이다.

제20장 따하: 메카 계시이며 135절로 되어 있다. 모세의 일대기를 다루고 있다. '따하'라는 문자로 장이 시작된다.

제21장 안비야(예언자들): 메카 계시이며 112절로 구성된다. 종말, 부활, 예언자들에 대해 이야기한다.

제22장 하지(순례): 메디나 계시이며 78절로 구성된다. 샤리아와 카아바 신전에 대한 내용이다.

제23장 무으민(독실한 신자들): 메카 계시로 118절로 구성된다. 겸손, 자선, 성실, 정직한 신앙에 대해 다룬다.

제24장 누르(빛): 메디나 계시로 64절로 구성된다. 이슬람법의 기본원칙, 도덕, 예의, 품위, 윤리관을 이야기하고 있다.

제25장 푸르깐(구별): 메카 계시이며 77절로 되어 있다. 창조주의 말씀이 시비를 구별하는 근거라는 것을 이야기한다.

제26장 슈아라(시인들): 메카 계시이며 227절로 구성된다. 아브라함, 노아, 후드, 살레, 롯, 슈아이브에 대해 이야기하고 있다.

제27장 나믈(개미): 메카 계시로 93절로 되어 있다. 모세, 솔로몬, 살레, 롯의 이야기가 나온다.

제28장 까싸스(이야기): 메카 계시로 88절로 되어 있다. 모세와 선지자 무함마드에 관한 이야기이다.

제29장 안카부트(거미): 메카 계시로 69절로 되어 있다. 유일신 사상과 유혹, 시험에 대해 기술하고 있다.

제30장 로움(로마인들): 헤즈라 이전, 615년경 페르시아가 로마제국을 정복할 때 계시된 것으로 알려져 있다. 60절로 되어 있다.

제31장 루끄만(사람 이름임): 메카 계시이며 34절로 구성되어 있다. 믿음의 원리, 예언자의 도래, 부활을 중점적으로 다룬다.

제32장 싸즈다(엎드려 절하기): 메카 계시이며 30절로 되어 있다. 창조주에 대한 믿음, 내세와 성서들, 선지자와 부활에 대한 믿음을 다룬다.

제33장 아흐잡(연합): 메디나 계시이며 73절로 되어 있다. 이슬람 공동체에서 지켜야 할 이슬람법과 쿠라이시족의 침략에 대해 기술하고 있다.

제34장 싸바아(예멘의 옛 이름): 메카 계시이며 54절로 구성된다. 알라의 유일성, 선지자의 도래 및 부활을 중심으로 기술된다.

제35장 파티르(창조자): 메카 계시이며 45절로 되어 있다. 이슬람의 기본원리에 대해 다룬다.

제36장 야씬: 메카 계시로 83절로 되어 있다. 부활, 인따키야 고을 백성, 알라의 유일성에 대해 기술하며 '야씬'이라는 단어로 시작된다.

제37장 사파트(예배 시 좌우 일직선을 이룬다는 뜻): 메카 계시이며 182절로 되어 있다. 천사에 대한 이야기로 시작된다.

제38장 사드(아랍어 철자 중 하나): 메카 계시이며 88절로 되어 있다. 코란이 진리임과 무함마드가 예언자이며 선지자임을 증거하고 있다.

제39장 주마르(그룹): 메카 계시이며 75절로 되어 있다. 천국과 지옥 그리고 영생에 대해 서술한다.

제40장 가피르(용서하는 자): 메카 계시이며 85절로 구성된다. 믿

음과 불신에 대한 이야기이며 모든 인간은 그 행위에 따라 보상을 받는다고 기술한다.

제41장 푸실라트(분류): 메카 계시이며 54절로 구성된다. 알라의 존재와 위대함에 대한 증거를 제시한다.

제42장 슈라(협의): 메카 계시이며 53절로 구성된다. 모든 일에 있어서 상호협의를 하는 것이 이슬람에서 중요시되며, 믿는 자들이 협의를 통해 사생활과 공동생활을 영위할 것을 이야기한다.

제43장 주크루프(금 장식): 메카 계시이며 89절로 구성된다. 현세와 내세에 대한 것을 언급한다.

제44장 두칸(연기): 메카 계시이며 59절로 되어 있다. 불신자들이 무함마드를 거역했을 때 알라가 연기를 보내 질식시켰다고 한다.

제45장 자씨야(무릎 꿇기): 메디나에서 14절, 메카에서 23절이 계시된 총 37절로 이루어져 있다. 심판의 날에 천국백성과 지옥백성으로 구분될 것을 이야기한다.

제46장 아흐까프(모래 언덕): 메카 계시이며 35절로 구성된다. 유일신과 부활 보상에 대한 내용을 다룬다.

제47장 무함마드: 메디나 계시이며 38절로 되어 있다. 전쟁, 포로, 전리품, 성전(聖戰)에 대한 이슬람법(샤리아)을 이야기한다.

제48장 파트흐(정복): 메디나 계시이며 29절로 되어 있다. 샤리아를 다루며 거래질서, 신앙과 윤리를 다룬다.

제49장 후즈라트(방): 메디나 계시이며 18절로 구성된다. 윤리, 예의에 대해 언급한다.

제50장 까프: 메카 계시이며 45절로 되어 있다. 부활에 대해 주로 이야기하고 있으며 '까프'라는 단어로 시작된다.

제51장 자리야트(흩뜨리는 바람): 메카 계시로 60절로 되어 있다. 알라의 능력과 불신자들이 받을 벌, 내세를 다룬다.

제52장 뚜르(산의 명칭): 메카 계시로 49절로 되어 있다. 천국과 신앙의 수행을 위한 고난 극복을 이야기한다.

제53장 나즘(별): 메카 계시로 62절로 되어 있다. 선지자가 하늘나라에서 목격한 것들과 우상숭배에 대한 대가를 기록한다.

제54장 까마르(달): 메카 계시로 55절로 구성된다. 불신자들에게 임할 심판에 대해 이야기한다.

제55장 라흐만(가장 자비로운 자): 메카 계시로 78절로 되어 있다. 코란의 진수가 라흐만이라고 하디스에 기록되어 있다. 은혜의 장이라고도 한다. 메디나 계시로 분류하기도 한다.

제56장 와끼야(불가피한 사건): 메카 계시로 96절로 되어 있다. 부

활의 상태에 대해 언급한다. 우편, 좌편, 선행하는 무리로 분류된다고 한다.

第57장 하디드(철): 메카 계시로 29절로 되어 있다. 샤리아에 대해 이야기한다. 메디나 계시로 분류하기도 한다.

第58장 무자달라(토론하는 여성): 메디나 계시로 22절로 구성된다. 이혼문제와 위자료 등 샤리아에 대해 언급한다.

第59장 하쉬르(집합되어 추방되다): 메디나 계시로 24절로 구성된다. 유대인에 대한 바니 나디르 전투에 대해 다룬다.

第60장 뭄타히나(시험받고 조사받는 여성): 메디나 계시로 13절로 이루어져 있다. 샤리아에 대해 다룬다.

第61장 사프(전쟁의 대열): 메디나 계시로 14절로 구성된다. 샤리아를 다루며 성전(聖戰)에 대해 주로 언급한다.

第62장 주므아(금요일): 메디나 계시로 11절로 구성된다. 샤리아를 다루며 금요합동예배에 대해 언급한다.

第63장 무나피쿤(위선자들): 메디나 계시로 11절로 되어 있다. 샤리아의 운영에 대해 이야기한다.

第64장 타가분(잃은 것과 얻은 것): 메디나 계시로 18절로 되어 있다. 이슬람의 기본원리를 다룬다.

第65장 딸라끄(이혼): 메디나 계시로 12절로 되어 있다. 부부관계, 이혼, 이혼숙려기간, 위자료, 양육비 등을 다루는 샤리아이다.

第66장 타흐림(금지되는 것으로 삼기): 메디나 계시로 12절로 되어 있다. 가정생활에 관계되는 샤리아이다.

第67장 물크(소유): 메카 계시로 30절로 되어 있다. 생명의 주관자이신 알라와 불신자들에 대한 심판을 언급한다.

第68장 깔람(펜): 메카 계시로 52절로 구성된다. 이슬람의 기본원리를 다루며 내세에서 받게 되는 믿음에 충실한 무슬림을 위한 상과 불신자들에 대한 심판을 이야기한다.

第69장 하까(심판의 날): 메카 계시로 52절로 구성된다. 부활과 심판의 날에 대해 언급한다.

第70장 마아리즈(승천): 메카에서 계시된 44절로 구성된다. 부활과 내세의 축복과 심판에 대해 이야기한다.

第71장 노아: 메카에서 계시된 28절로 되어 있으며 노아의 일대기와 대홍수에 대해 다루고 있다.

第72장 진(영적 존재): 메카에서 계시된 28절로 구성된다. 진이 믿는 무리와 불신 무리로 나뉘어 각자 행동에 대해 심판을 받는다고 이야기한다.

제73장 무잠밀(둘러 감아 씌운): 메카에서 계시된 20절로 구성된다. 무함마드의 생애를 다루고 있다.

제74장 무다씨르(덮어쓴 자): 메카에서 계시되었고 56절로 구성된다. 무함마드의 인품을 묘사하고 있다.

제75장 끼야마(부활): 메카에서 계시된 40절로 되어 있다. 부활의 구체적 양상에 대해 언급하며 심판을 언급한다.

제76장 인싼(인간): 메디나 계시이며 31절로 구성된다. 현세에서 믿음을 지켰던 자들이 천국에서 누릴 생활을 구체적으로 묘사하고 있다.

제77장 무르쌀라트(보냄을 받은 천사): 메카 계시이며 50절로 되어 있다. 천국과 지옥 천사에 대해 다룬다.

제78장 나바아(긴박한 소식): 메카 계시이며 40절로 구성된나. 부활과 지옥의 고통을 자세히 언급한다.

제79장 나지아트(사악한 자들의 영혼을 강력하게 끌어가는): 메카 계시이며 46절로 구성된다. 심판의 날에 나타날 상황에 대해 다룬다.

제80장 아바싸(찡그렸다): 메카 계시이며 42절로 구성된다. 알라의 은혜와 심판 시의 상황을 묘사한다.

제81장 타크위르(어둠에 가려짐): 메카 계시이며 29절로 되어 있다. 심판 때의 실제적 양상과 선지자의 경고에 대한 내용이다.

제82장 인피따르(쪼개짐): 메카 계시이며 19절로 되어 있다. 심판 날의 상태를 다룬다.

제83장 무따피핀(사기): 메카 계시이며 36절로 구성된다. 무게와 저울의 눈금을 속이는 자들에 대한 경고이다.

제84장 인쉬까끄(산산이 갈라짐): 메카 계시이며 25절로 되어 있다. 심판의 날을 묘사하고 있다.

제85장 부루즈(별자리): 메카 계시이며 22절로 되어 있다. 심판의 날을 묘사하고 있다.

제86장 따리끄(별 이름): 메카 계시이며 17절로 되어 있다. 부활과 불신자가 받을 심판을 이야기한다.

제87장 아을라(지고하신 분): 메카에서 계시되었고 19절로 되어 있다. 알라의 찬미로 시작해 내세를 다루고 있다.

제88장 가쉬야(재앙): 메카 계시이며 26절로 되어 있다. 신자와 불신자가 받을 상벌에 대해 다룬다.

제89장 파즈르(새벽): 메카 계시이며 30절로 되어 있다. 선지자를 배척한 백성들이 받을 심판을 다루고 있다.

제90장 발라드(도읍): 메카 계시이며 20절로 구성된다. 신자와 불신자의 상벌에 대해 다루고 있다.

제91장 샴쓰(태양): 메카 계시이며 15절로 구성된다. 예언자 살레에 대한 이야기이다.

제92장 라일(밤): 메카 계시이며 21절로 되어 있다. 최후 심판에서 각자의 행위로 인해 받을 상벌을 다루고 있다.

제93장 두하(아침): 메카 계시이며 11절로 되어 있다. 알라가 무함 마드에게 베푼 현세와 내세의 은혜에 대해 기록한다.

제94장 샤르흐(편안함): 메카에서 계시되었고 8절로 되어 있다. 알라를 의지할 것을 이야기한다.

제95장 틴(무화과): 메카의 계시이며 8절로 되어 있다. 알라의 능력과 심판 보상에 대해 이야기한다.

제96장 알라끄(응액): 메카의 계시이며 19절로 되어 있다. 알라의 권능에 대해 다룬다.

제97장 까드르(거룩한 밤): 메카 계시이며 5절로 되어 있다. 계시가 내리는 밤에 대한 내용이다.

제98장 바이이나(명증): 메카 계시이며 8절로 되어 있다. 유대인과 기독교인에 대한 이야기와 더불어 신앙의 근본에 대해 다룬다. 메디나 계시로 보기도 한다.

제99장 질잘(지진): 메카 계시이며 8절로 되어 있다. 메디나 계시로 보기도 한다. 심판의 날과 부활에 대해 이야기한다.

제100장 아디야트(질주하는 말): 메카 계시이며 11절로 되어 있다. 인간의 죄성에 대해 이야기하고 있다.

제101장 까리아(부활의 날): 메카 계시이며 11절로 되어 있다. 심판의 날과 부활의 날을 다룬다.

제102장 타카쑤르(축재): 메카 계시이며 8절로 구성된다. 인간의 탐욕에 대해 이야기한다.

제103장 아스르(세월): 메카 계시이며 3절로 되어 있다. 인간의 종말을 다루고 있다.

제104장 후마자(중상모략자): 메카 계시이며 9절로 구성된다. 중상 모략자가 받을 심판을 다룬다.

제105장 필(코끼리): 메카 계시이며 5절로 되어 있다. 예멘의 왕 아브라하가 카아바 신전 파괴를 위해 코끼리를 탄 군대를 보냈을 때의 이야기이다.

제106장 쿠라이시(부족 이름임): 메카에서 계시되었고 4절로 구성 되어 있다. 쿠라이시족이 하나님의 은혜에 감사해야 함을 이야기 한다.

제107장 마운(도움): 메카 계시이고 7절로 되어 있다. 인간의 다양

한 유형을 이야기한다.

제108장 카우싸르(풍부함): 메카 계시이고 3절로 구성되어 있다. 은혜에 대한 보답의 행위를 묘사한다.

제109장 카피룬(불신자들): 메카 계시이고 6절로 되어 있다. 우상 숭배에 대한 내용이다.

제110장 나스르(승리): 메카 계시이고 3절로 되어 있다. 메디나 계시로 보기도 한다. 메카 정복의 승리에 대한 내용이다.

제111장 마싸드(밧줄): 메카에서 계시되었고 5절로 구성된다. 무함마드 박해자들이 받을 심판에 대한 내용이다.

제112장 이클라쓰(진심): 메카에서 계시된 내용이며 4절로 구성되어 있다. 알라를 찬미하는 내용이다. 유일성, 영원성, 대등한 것(성자와 성부)이 세상에 없음을 기술하고 있다.

제113장 팔라끄(동틀 녘): 메카 계시이며 5절로 구성된다. 믿음의 고수를 촉구하고 있다.

제114장 나쓰(인류): 메카 계시이며 6절로 구성되어 있다. 알라의 보호를 구하는 내용이다.

2. 하디스(Hadith)

코란의 명령과 금지들이 추상적 용어로 구성되어 있어 이를 해석함에 있어서 다의적이 될 수 있다. 때문에 내용을 더 명확히 하기 위해서는 보충적인 규범이 필요했다. 이처럼 코란의 해석을 명확히 하기 위한 시도로 무함마드의 전언(傳言)을 모아 만든 것이 하디스이다.

즉, 모든 무함마드의 언행을 기록한 것을 '하디스(hadith)'라고 하며 코란에 버금가는 권위를 가지고 있다. 언행이 전승되었기에 그 내용이 방대해지고 진위가 불분명하게 되자 수니파 무슬림은 이를 체계화하는 작업을 하여 6개의 권위 있는 하디스를 편찬하였다. 이스나드(isnad: 전승의 직접성)와 마튼(matn: 진실성)을 가지고 하디스의 신빙성을 평가해 sahih(건전), hasan(좋음), daif(약함)의 3단계로 평가하였다. 알 부하리(810~870)가 16년간의 작업 끝에 97권으로 완성한 하디스 전집이 유명하며, 이븐 알 하자지(817~875)의 하디스도 유명하다. 시아파 하디스로는 쿨라이니(939년 사망)가 집필한 것이 유명하다.[5]

이런 작업에 있어 무함마드가 말했던 내용을 확증하는 것에 어려움이 있었다. 이러한 확증에는 주로 무함마드와 가까웠던 부인들과 딸, 친구들의 진술이 영향을 미쳤다.

자신의 코란해석을 정당화시키기 위해 무함마드의 말씀이 왜곡되는 경우도 있어 무함마드의 말씀의 신빙성을 확증하는 작업을 위해 몇 사람에게만 그 권위를 부여하기도 했다.

3. 순나(Sunna: 관습)

무함마드 생전에는 문제가 발생하면 그 문제에 대한 계시가 내렸고 이를 근거로 문제를 해결하면 되었다. 그런데 무함마드 사후에는 이러한 일이 중단된 반면, 이슬람 사회에서는 코란만으로는 해결될 수 없는 예상치 못했던 각종 문제들이 표출되기 시작했다.

특히 이슬람이 확산되면서 다른 민족과 다른 문화 속으로 이슬람이 전파되는 경우 전혀 예측하지 못했던 실생활의 모순들이 발생하였기에 이를 해결해야만 했다. 때문에 무함마드의 생애 중 그가 말한 것뿐 아니라 그의 행위까지[정치·경제·사회·문화영역의 전반에 걸쳐] 판단의 근거로 사용해야 했고 그 내용을 확립하는 것이 필요했다.

---

5) 브리태니커(http://www.britannica.co.kr), 검색어: 하디스.

순나는 무함마드의 언행에 대해 기록한 하디스 중 관습에 대한 기록이며 통상 al-sunan al-qauliyah(말씀의 순나), al-sunan al-filiyah(행위의 순나), al-sunan al-taqririyah(결정의 순나)로 구분된다. 순나는 코란에서 언급한 규범을 확인하는 역할, 포괄적 코란의 규범을 구체화하는 역할,[6] 코란에 없는 내용을 새로 규범화하는 역할을 담당한다. 순나의 정통성과 관련해 sunnah mutawatirah(다수의 순나), sunnah mashhurah(유명한 순나), sunnah ahad(소수의 순나)로 구별되는데 무함마드를 기준으로 하여 그와 연결된 강도가 강한 순으로 구별된 것이다.[7]

4. 이즈마(ijma: 합의)[8]

예기치 못한 사건이 이슬람 세계에 발생했을 경우 그 사안을 규범적으로 정립하는 과정이 필요하고 이를 할 수 있는 권한을 가진, 즉 '이슬람법의 독자적인 해석 전문가[9]'들을 무즈타히드(Mujtahid)[10]라고 한다. 각 이슬람 국가에 살고 있는, 즉 국적과 인종, 출생배경과 성장환경이 모두 다른 동시대의 모든 무즈타히드가 현 시대의 새로운 상황을 규범적으로 정립한 내용(판결)에 모두 동의한 경우 이즈마(합의)에 이르렀다고 하며 이러한 합의는 샤리아법의 법원이 된다.

---

6) 예를 들면, 코란에서는 예배 시 절하는 횟수를 규정하지 않았으나 순나에서는 이를 규정하거나, 코란에서는 이자를 금지하고 있으나 순나에서는 금지된 이자의 종류를 구체화하는 경우를 들 수 있다.

7) 이원삼, 이슬람법사상, 아카넷, 2001, 73ff.

8) 상세한 내용은 위의 책, 83ff. 참조

9) 위의 책, 12쪽.

10) 서구 헌법체계를 기준으로 한다면 이슬람 세계의 통치질서 속에서의 무즈타히드의 기능은 입법부와 사법부의 기능이 통합된 것으로 볼 수 있다.

이즈마가 성립된 방식에 따라 al-ijma al-sarih(순수한 합의), al-ijma al-sukuti(침묵의 합의)로 분류된다. 전자는 동시대의 모든 무즈타히드들이 명백한 의견을 개진하여 판결에 동의한 경우를 말하며 이것은 진정한 합의에 속한다. 후자는 일부 무즈타히드들이 의견을 개진하지 않고 침묵한 경우를 의미하는데, 침묵이 동의인지 반대인지를 알 수 없기에 이즈마 성립의 정당성에 문제가 제기된다. 다수설은 이 경우 샤리아의 법원이 될 수 없다고 한다.

이 이즈마는 코란과 순나의 명확한 의미를 밝히는 가장 중요한 역할을 담당함에도 중세 이후로 정확히 분석이 된 적이 없어 그 내용이 불명확하다는 비판이 있다.[11] 또한 무함마드 사후에 이러한 방법과 조건들을 충족시키는 합의가 이루어진 적이 없고, 어떤 사람이 무즈타히드인지를 구분할 기준이 없으며, 설령 자격이 있다하더라도 모든 무즈타히드들의 의견을 확인하는 것이 현실적으로 불가능하다는 이유로 이즈마가 성립되는 것은 현실적으로 불가능하다는 소수설도 있다.[12]

5. 키야스(qiyas: 유추)[13]

코란에서는 포도주가 금지되어 있는데 nabidh(나비즈: 대추야자로 만든 술)는 마셔도 되는지에 대해 판단할 때, 포도주를 금지하는 코

---

11) 브리태니커(http://www.britannica.co.kr), 검색어: 샤리아; 다만 현대 무슬림들에게 이즈마는 전통적인 권위에 대치되는 민주적 제도를 의미하고, 이슬람 세계의 서로 다른 전통들을 수용하는 원칙으로 작용한다는 것에 그 긍정적 역할이 있다고 한다.

12) 이원삼, 앞의 책, 87ff.

13) 상세한 내용은 위의 책, 92ff. 참조.

란의 규정을 유추하여 나비즈를 마시는 것도 금지하는 것이라든지, 코란에는 상속인(warith)이 피상속인(muwarrith)을 살해한 경우 상속에서 제외된다는 규정이 있는데 이 규정을 유언자(al-musi)의 경우에도 유추하여 적용해 살해자인 상속인(al-musa la-hu)을 유산상속에서 제외시키는 경우를 말한다.

키야스를 하기 위해서는 4가지 구성요소가 충족되어야 하는데 asl (기본구성요건), far(유사구성요건), hukm al-asl(기본구성요건과 그 효과), illah(기본구성요건으로 인한 결과발생의 '이유')가 그것이다.

위의 예에서 포도주는 asl이 되며 나비즈는 far가 된다. hukm al-asl 은 코란에 의해 '포도주를 피하라(금지)'이다. illah(이유)는 '사람을 취하게 한다'는 것이기에 나비즈도 사람을 취하게 하기에 illah가 같고 때문에 금지된다는 것이다.

hukm al-asl이 far로 무한히 확대되는 것을 예방하기 위한 전제조건으로는, ① 행위에 대한 법 해석이어야 하며, ② 이성에 의해 그 이유를 알 수 있어야 하고,[14] ③ 그 해석 대상이 다른 대상에 적용될 수 없는 성질의 것이 아니어야 한다는 것이 있다.

위 네 가지 구성요소 중 가장 중요한 것이 illah인데 이 내용을 확정하기 위해 illah(이유)의 정의, 조건, 종류, 절차를 세분화시킨다.

① **illah의 정의**란 기본구성요건에 포함된 성질(wasf)을 말한다. 포

---

14) 규범을 taabbudiyah(의례적 규범) 혹은 ghair al-maqulah al-mana(의미가 이해되지 않는 규범)과 al-maqulah al-mana(의미가 이해되는 규범)의 두 가지로 나누는데 후자의 경우가 키야스에 의해 확대해석이 가능한 것으로 본다. 의미가 이해되는 규범은 다시 ahkam mubtadiah(원리적 규범)과 ahkam mustathnah(예외규범)으로 나뉜다. 라카트(예배 시의 절하는 횟수)나 자카트의 지불의무가 생기는 최소한의 재산기준과 그 지불 정도는 신이 직접 제정했기에 그 '의미가 이해되지 않는 규범'에 속한다고 한다. 금, 은, 보리, 밀, 대추야자열매, 소금의 차용거래 등에 있어서는 추후 양을 더해주는 리바(이자)가 코란이나 순나에 의해 금지되는데 옥수수나 쌀도 양적으로 계량된다는 이유(성질)가 같으므로 키야스에 의해 리바가 금지된다(원리적 규범). 그러나 수확 전의 포도로 건포도를 구입하는 경우에는 예외로서 리바가 인정된다(예외규범). 위의 책, 106쪽.

도주의 경우 취하게 하는 작용(iskar)을 말하며 때문에 취하게 하는 술 모두가 금지대상이 된다.

② illah의 조건은 기본구성요건에 많은 성질이나 특성이 있는 경우 그 모두가 illah가 될 수 있는 것은 아니기에, ⅰ) 명백한 성질, ⅱ) 확정된 성질, ⅲ) 적절한 성질이어야 하고, ⅳ) 기본구성요건에 만 한정되는 성질이 아니라 경험칙상 다른 대상에도 적용 가능한 성질이어야 한다는 것이다.

③ illah의 태양은 위 ②를 충족할 뿐 아니라 법 해석자(입법자)가 타당성[15](타당한 배려: itibar)을 가졌는가가 중요하다는 것이다. 재산관리권 확정에 있어서 미성년(sughr)이 우선된 타당성을 가지고 있고, 미성년인 딸의 혼인의 경우에 아버지에게 보호권이 있지만 그 보호권을 인정하는 이유가 처녀(bakarah)와 미성년이라는 것은 코란이나 순나에 없다. 때문에 이즈마에서 인정된 미성년 딸의 재산 보호권의 이유(illah)인 미성년을 미성년 딸의 혼인의 경우에도 같은 종류로 보는 것을 타당한 배려라고 보며 이를 '조화의 타당성'에 해당한다고 한다. 이러한 것은 미성년인 이혼한 여자(al-thayyib al-saghirah)나 심신미약자인 딸에게도 유추된다.

④ illah의 절차란 이유(illah)의 인식에 이르는 방법을 말하며, ⅰ) 코란이나 순나에서 이유(illah)의 성질이 제시된 경우, ⅱ) 어떤 시

---

15) al-wasf al-munasib(타당성의 성질), al-munasib al-muaththar(우선의 타당성), al-munasib al-mulaim (조화의 타당성), al-munasib al-mursal(무언(無言)의 타당성), al-munasib al-mulgha(폐기의 타당성) 으로 분류하며 '우선의 타당성'과 '조화의 타당성'을 적용해 타당성 유무를 판단하는 것은 옳고 '폐기의 타당성'을 적용해 타당성 판단을 하는 것은 옳지 않다고 보는 데에는 견해가 통일되나 '무언의 타당성'을 이유로 하는 것에 대해서는 학설이 갈린다고 한다. 위의 책, 119f.

점(시대)에서 무즈타히드들이 판단을 위해 어떠한 성질을 확정한 경우, iii) 기본구성요건에서 이유(illah)가 될 수 있는 성질을 도출(탐색과 구분)해 확정하는 경우로 구분된다.

생활토대(실정법)

제5장 아랍 각국의 국가토대법률군과 그 기본원리들

1. 연구의 방법

통상적으로 대륙법계와 영미법계에 친숙한 서구 중심의 법학연구를 지속해 온 우리나라 학계에 이슬람 국가의 법질서를 연구하여 그 성과물을 제시하는 것은 매우 의미 있는 연구가 될 것이라고 생각된다. 이를 위해 우선 아랍 법체계를 샤리아라고 불리는 이슬람법(Islamic law)과 이슬람 국가의 법(law in islamic country)으로 구분하는 것이 필요하다.

전자의 연구를 위해 단순한 대륙법이나 영미법 계통의 법체계를 토대로 한 비교법적 접근방법을 사용한다면 그 내용을 정확히 파악하기 어렵고 심지어는 오류를 범할 위험성도 내포한다. 종교적, 문화적, 역사적, 사상적 배경이 서구와 판이한 이슬람 세계의 이해가 우선되어야 하기 때문이다.

반면, 후자의 경우에는 비교법적 접근을 통한 기술적 분석이 비교적 가능하다. 이슬람 국가의 실정법이 그 형식 면에서 서구식의 법 모델과 매우 유사한 면을 가지고 있기 때문이다. 전자의 경우는 앞에서(제3장 샤리아법, 제4장 이슬람 法源) 살펴보았기에 이하에서는 후자의 방법으로 논의를 진행한다.[1]

2. 개념의 확정

1) 국체(國體)와 정체(政體)

인간의 이성과 능력을 철저히 무시했던 중세의 암흑기를 깨고 나타난 르네상스 시대에 이르러 '국가'라는 용어가 사용되기 시작한 것으로 파악된다.[2] 그러한 국가의 형태를 몇 가지 특징에 따라 분류하기도 하는데, 통상 헌법에서 그러한 특징을 규정하는 것이 일반적이다. 국체는 일반적으로 주권의 소재가 1인에게 있는가 아니면 소수 혹은 다수에게 있는가를 기준으로 한 분류방식이며, 정체는 국가권력이 제한 없이 행사되는지 여부를 기준으로 하는 방식이다.[3]

---

1) 졸고, 「GCC국가 헌법 통치구조의 비교법적 고찰」, 『중동문제연구』, 제10권 1호, 2011과 졸고, 「이슬람 연방국가원리의 비교법적 고찰―아랍에미리트 연방제도를 중심으로―」, 『헌법판례연구』, 13, 집현재, 2012의 내용이 수정 반영 되었다.

2) 허영, 『헌법이론과 헌법』, 박영사, 2010, 147쪽.

3) 김철수, 『헌법학(상)』, 박영사, 2008, 173ff; 주권이 1인에게 있으면 '군주국'이라고 하고 다수인 국민에게 있으면(구체적으로는 정권교체의 가능성을 의미) '공화국'이라고 부른다. 국가의 권력이 특정인이나 특정계급 혹은 특정정당에게 집중되어 권력행사에 제한이 없으면 '전제정체'로, 근대헌법의 기본원리인 기본권존중, 권력분립, 국민주권주의, 법치주의를 그 내용으로 하여 권력행사를 제한하고 있으면 '입헌정체'라고 부른다.

오늘날에는 주권이 군주 1인에게 있는 전제군주가 존재하지 않아 주권의 소재에 따른 국체를 규정하는 것이 의미가 없다는 의견과,[4] 국가 사회 이원론을 바탕으로 상호교차관계가 실질적로 의미를 가질 뿐 우리 헌법 제1조에 규정된 '민주공화국'의 해석을 둘러싼 국체나 정체의 구별에 관한 논의 자체가 아무런 실익이 없다는 견해도 있다.[5]

2) 공공복리(公共福利)

(1) 소서(小序)

법학에 있어 법에 합치하는가 여부에 대한 합법성(Legalität)과 법의 내용이 정의로운가에 대한 정당성(Legitimität)을 구분하여 파악하고, 개인의 권리를 제한하는 법이 존재하는 경우 그 법의 정당성 판단을 위해 주로 원용하는 개념이 '공공복리(Gemeinwohl)'라는 개념인데 이슬람 국가의 공공복리개념과 구별하여 그 내용을 우선 확정할 필요가 있다.

(2) 한국헌법상의 공공복리

우리 헌법에서는 제23조 제2항[6]과 제37조 제2항[7]에서 '공공복리'

---

4) 위의 책, 175쪽.

5) 허영, 앞의 책, 206쪽, 기존의 분류법 대신 국가와 사회를 이원화하여 국가가 사회에 주는 영향을 output으로, 사회가 국가에 주는 영향을 input으로 하여 양자의 관계가 어떠한가에 따라 국가형태를 분류하는 것이다. output만이 존재하고 input의 기능이 완전히 상실된 경우는 전체주의적 모델 국가에 속한다고 하고, input의 기능이 국가작용에 원칙적으로 적용되는 경우를 자유민주주의 모델 국가라고 하며, input보다는 output의 기능이 강하거나 의도적으로 input의 기능을 축소시키는 경우를 권위주의 모델 국가라고 한다.

6) "재산권의 행사는 공공복리에 적합하도록 하여야 한다."

7) "국민의 모든 자유와 권리는 국가안전보장·질서유지 또는 공공복리를 위하여 필요한 경우에 한하여 법률로써 제한할 수 있으며, 제한하는 경우에도 자유와 권리의 본질적인 내용을 침해할

라는 용어가 사용된다. 이 추상적 개념은 제37조 제2항의 국가안전 보장, 질서유지와 더불어 기본권제한 입법의 목적상 한계[8] 또는 기본권제한의 목적[9]으로 불린다.

이 개념(정확히는 기본권의 법률유보)의 실현구조는 "기본권을 최대한으로 존중하면서도 헌법에 의해서 보호되고 있는 기타의 법익, 기본원칙, 제도 등을 기본적인 가치와 조화시킬 수 있는 방법을 입법권자에게 모색시킴으로써 헌법적 가치를 전체적으로 그리고 통일적으로 실현하려는" 궁극적인 헌법 제정권자의 목적에 기여한다고도 하며,[10] "현대적 복지국가의 이념을 구현하는 적극적인 의미를 갖는 것으로, 인권 상호 간의 충돌을 조정하고 각인의 인권의 최대한의 보장을 꾀하는 사회정의의 원리"라고[11] 상술되기도 한다.

공공복리의 내용을 확정함에 있어 어려운 점은 개개인이 가지는 가치관과 세계관에 따라 그 내용과 범위가 달라진다는 것이다. 서구와 우리가 개인의 자유와 권리를 침해할 수 있는 정당성의 근거로 사용하는 공공복리의 구체적 내용은 개별 사건에서 모든 상황을 종합하여 '역으로' 확정되는 것이 일반적이다.[12] 즉 그 내용이 직접 정해지는 것이 아니라 개별 사안에서 개인의 자유와 권리의 침해가 허용되는 지점까지 추상적인 공공복리의 개념내용이 소극적으로 확장되는 것이다. 이때 사용되는 판단 방법은 개인의 자유와 권리가 침

수 없다."

8) 허영, 『한국헌법론』, 박영사, 2009, 285쪽.

9) 김철수, 앞의 책, 446ff.

10) 허영, 앞의 책, 2009, 280쪽.

11) 김철수, 앞의 책, 450쪽.

12) 침해의 정도, 태양, 침해될 때 보호되는 공적 이익과 침해되는 사익과의 비교형량, 목적의 정당성, 방법의 적절성, 피해의 최소성 등.

해당했는지 여부와 침해당한 이유에는 정당한 사유가 있는지(국가안전보장, 질서유지, 공공복리에 해당하는 사유가 있는지) 그리고 마지막으로 권리를 형해화시키지 않도록 설정한 최후의 선을 넘지 않았는가(본질적 내용 침해 금지)를 심사한다.

(3) 이슬람 법질서 내의 공공복리

종교와 정치가 구분된 사회체제가 아닌 종교와 정치가 일치된 사회체제를 가지고 있는 이슬람 국가의 법질서에서의 공공복리의 개념은 서구나 그 영향하에 수립된 우리의 그것과는 필연적으로 다를 수밖에 없다. 무엇이 정당한가를 판단하는 사상적 토대가 다르기 때문이다.

공공복리의 개념내용을 확정하기 위해 샤리아(법)체계를 사용하게 되는데,[13] 서구나 우리의 법판단 방법인 개인의 자유와 권리가 침해당했는지와 그 침해에 정당한 이유가 있는지를 심사하는 것이 아니라, 우선적으로 신의 뜻이 무엇인가를 확정하는 것이 그 판단의 핵심이 된다.

코란과 순나를 근거로 공공복리의 개념내용을 확정하고(이즈티하드 ijtihad), 경우에 따라서는 이즈마(ijma)나 키야스(qiyas)를 통해 구체적 사안에서의 해결책을 위한 개념내용을 확정하기도 한다.[14]

---

13) Tilman Nagel, Das islamische Recht: eine Einführung, Westhofen: WVA-Verlag, 2001, 257쪽.
14) 졸고, 「이슬람 법질서의 공법적 구조분석-샤리아법과 헌법 그리고 국가조직법」, 『공법학연구』, 제10권 제3호, 2009, 152ff. 참조.

(4) 소결(小結)

이러한 추상적 개념의 법적 함의가 구체적으로 확정되지 않는다면 자의적 국가권력의 정당성을 지지하는 개념으로 오용되거나 남용될 여지가 매우 크다. 이러한 개념은 논증과 구체적 상황에서의 그 구체적 내용확정이 가능한 재판규범으로 그 내용이 충분히 명증될 수 있어야 한다.

우리의 법체계나 샤리아법체계나 전술한 명증을 위해 세부적인 법기술적 방법들을 고안했고 또 발전시키고 있다. 하지만 서구나 우리의 법사(法史)가 말해주고 있듯이 국가권력의 행위를 정당화하는 개념도구로 남용되어 온 예가 허다하기에 그 명증을 공고히 하기 위한 현자들의 노력이 부단히 요구된다. 이러한 요구는 오랜 역사를 가지고 발전한 샤리아법체계를 가지고 있는 이슬람 국가의 경우에도 동일하게 적용될 것이다.

3. 아랍 세계 통치질서의 특이점

역사적으로 식민지 경험을 갖고 있기에 당시의 지배국가의 헌법체계를 주로 도입하였으나 현행 아랍국 헌법에는 영미법계와 대륙법계 요소가 모두 가미되어 있다고 볼 수 있다. 걸프연안의 국가들은 세습왕정체제를 유지하고 이를 통치질서의 원리로 천명하기에 권력이 사실상 통합되어 있다고 볼 수 있으나, 국가 공동체 내에서 최고의 권위를 가진 코란이 합의에 의한 통치를 강조하기에 각종 자문회의를 두어야 하고, 국왕은 이러한 자문회의의 의견이 코란을 근거로 도출된 경우라면 이를 무시할 수도 없다. 또한 샤리아라는 규범체계를 준수해야 국왕의 통치권 행사에 정당성이 부여되기에 자의적인 절대왕권을 행사한다고 평가할 수도 없다. 아랍 세계의 통치질서의 특이점이 여기에 놓여 있는 것이다.

4. 세계화의 영향

19세기부터 이슬람 세계에도 서구의 영향이 증대되기 시작했는데 이로 인해 법영역에서도 변화가 일어나기 시작했다. 샤리아법의 내용 중 형사영역과 민사영역에 관한 내용이 폐지되거나 대륙법계 혹은 영미법계와 유사하게 개정되었고, 20세기 이후로는 샤리아 형벌의 적용에 있어 법정기소나 증거제출을 명문화하였다.15) 최근 이슬람 국가도 헌법을 제정하는 등 서구 법제의 도입을 통해 국제경쟁력을 강화하기 위한 여러 변화를 시도하고 있다.

5. 주요 국가별 개관

1) 사우디아라비아

엄격한 이슬람 국가인 사우디아라비아는 헌법 제1조에서 이슬람을 바탕으로 한 Arab Islamic State임을 천명하면서 코란과 순나를

---

15) 특히 도시의 인구유입과 여성해방운동의 영향으로 가족법 분야에서 그 변화가 두드러졌는데, 1926년 터키에서는 샤리아법을 전면 폐지하고 스위스 가족법을 채택했고, 1920년과 1931년에는 이집트 가족법이 개정되었고, 시리아(1953)와 튀니지(1957)에서는 일부다처제와 이혼에 관한 법이 개정되었다. 파키스탄에서는 코란과 순나에 대한 새로운 해석을 시도해 1961년 이슬람가족법령을 공포하였다. 브리태니커(http://www.britannica.co.kr), 검색어: 이슬람 법률.

통치의 규범으로 명시하고 있다. 제23조에서는 국민의 의무를 신의 명령으로 규정하고 샤리아의 적용을 명시하고 있다. 제26조는 인권을 규정하고 있는데, 국가는 샤리아에 따라 인권을 보호한다고 한다.[16] 제38조에서는 죄형법정주의를 규정하면서 샤리아와 실정법에 규정이 있는 경우에만 처벌이 가능하도록 했다. 법관에 대해서는 독립성을 보장하면서도 샤리아가 적용되는 사건에서는 법관에 대한 통제가 가능하도록 제46조에서 규정하였다. 이 밖에도 곳곳에 코란과 순나 그리고 샤리아를 근거규범으로 언급하고 있다.

사우디아라비아 헌법(1992)은 총 9장 83개 조문으로 구성되어 있으며, 제1장 일반원칙(General Principles), 제2장 왕정(Monarchy), 제3장 가족(Features of the Saudi Family), 제4장 경제원칙(Economic Principles), 제5장 권리와 의무(Rights and Duties), 제6장 국가권력(The Authorities of the State), 제7장 재정(Financial Affairs), 제8장 감사(Control Bodies), 제9장 일반조항(General Provisions) 순으로 편제되어 있다.[17]

각종 자연자원은 신이 인간에게 준 것으로 명문화하였고, 세습왕정을 명시하면서 왕에 대한 충성은 코란과 존경받는 성직자의 관습에 의해 지켜져야 한다고 명시하였다. 국가권력을 입법, 사법, 행정으로 나누었지만 왕을 정점으로 하여 헌법과 기타법률에 따라 서로 협력하며 행사되어야 한다고 규정하였다.

법관은 법관최고위원회(Higher Council of Justice)의 제안(proposal)으로 율법(Royal decree)에 의해 임명된다. 부정의(injustice)에 대한 소

---

16) "(Human Rights) The State protects human rights in accordance with the Islamic Shariah"

17) Pylee, M. V., Constitution of the World, 3rd. Edi. vol. 1&2, New Delhi: Universal Law Publishing, 2006, 54편.

송이나 청원을 위해 King's Court나 Crown Prince's Court가 개정되며 이를 Royal Courts라 한다. 세부적인 내용을 살펴보면 다음과 같다.

제1장은 사우디아라비아가 이슬람을 국교로 하는 주권국이며 공식 언어가 아랍어임과 수도가 리야드임을 천명하고 있다(제1조). 그밖의 조문에서는 공휴일과(제2조) 국기와(제3조) 국장(제4조)에 대한 자세한 내용을 규정하면서 법률로 국가(國歌)와 훈장에 관해 규정하도록 하고 있다(제4조).

제2장에서는 국가형태가 군주국임을 밝히면서 왕가의[18] 권력세습, 코란과 존경받는 예언자들의 전통에 따른 통치(제5조), 코란과 예언자들의 전통에 따라 상황[19]을 초월한 국민의 왕에 대한 복종과 순종(제6조), 코란과 예언자의 전통에 따른 행정부의 권력행사(제7조), 샤리아법에 따른 정의, 합의, 평등에 기반을 둔 정부를 규정(제8조)하고 있다.

제3장은 가족에 대해 규정하고 있는데 그 내용이 매우 종교적이다. 제9조는 가족이 사우디공동체의 핵심이며 공동체의 구성원은 이슬람 신앙과 신과 그의 예언자에 대한 충성과 복종, 법의 준수, 이슬람 신앙을 나타내는 영광스러운 역사와 조국에 대한 사랑과 긍지를 가져야 한다고 규정한다. 제10조에서 국가는 가족 간 결속을 강력히 강화하고, 아랍과 이슬람의 가치를 유지하게 하며, 구성원의 재능과 능력이 올바로 성장할 수 있도록 해야 한다는 것을, 제11조에서는 사우디공동체는 선한 행위와 경건함, 성숙한 원조와 성숙한 협력에 근거한 신의 명령 준수 원칙을 토대로 함을, 제12조에서는 국가 내

---

18) Abd al-Aziz Bin Abd al-Rahman al-Faysal Al Sa'ud
19) 평안할 때, 어려울 때, 기쁠 때, 역경당할 때를 그러한 예로 명시하고 있다.

의 연합이 의무이며, 국가는 분열이나 폭동 그리고 분리를 야기하는 어떠한 것도 허용하지 않는다는 것을 규정하고 있다. 마지막으로 제13조에서는 교육의 목적은 젊은이들에게 이슬람 신앙이 스며들게 하는 것이며, 구성원들에게 공동체를 세우는 유능한 구성원이 되기 위한 준비로서의 지식과 기술을 제공하고, 조국과 역사에 대한 긍지와 사랑을 갖게 하는 것임을 명확히 하고 있다.

제5장 '권리와 의무' 편에서는 대부분의 대륙법계 헌법 국가가 '권리와 의무' 편에서 맨 먼저 규정하고 있는 '인간의 존엄과 가치' 대신 이슬람과 국가 그리고 국민의 관계를 규정하고 있다.[20] 이어 성지의 보존과 순례자들의 보호에 관한 규정과(제24조), 세계평화를 위한 아랍과 이슬람 국가의 희망의 실현을 위해 국가가 노력할 것을 규정하면서(제25조), 제26조에 이르러 (대륙법계의 헌법구조처럼) 인권보호에 대해 규정한다. 하지만 그 내용은 대륙법 계통의 헌법과는 다른데 '국가가 샤리아법에 따른 인권을 보호'한다고 규정하고 있기 때문이다. 결국 서구와 우리의 헌법질서가 인간의 자유와 권리를 바탕으로 구조설계가 되어 있는 것과는 달리 신 중심으로 그 헌법구조가 설계되어 있는 것이다.

제6장에서는 국가의 권력에 대해 자세히 규정하고 있다. 대륙법체계처럼 사법부, 행정부, 입법부로 국가의 권력이 구성된다고 규정하고 있는 점은 같으나(제44조) 헌법과 법률에 따라 부여된 역할을 수행하기 위해 각부가 서로 '협력'할 것을 명시한 것과 이러한 권력의 중심에 왕이 위치하도록 규정하고 있다. 이것은 인간의 자유와 권리

---

20) 제23조 국가는 이슬람을 보호하고 샤리아를 적용한다. 샤리아는 권리와 피해야 할 것을 명령하며 알라의 명령에 따른 의무를 부여한다.

를 가장 중요한 기둥이라고 보고 이를 침해할 수 있는 권력을 통제하기 위해 권력분립의 원칙을 강조하고 있는 대륙법계의 성문헌법 체계와는 매우 다른 시각에서 설계된 내용으로 파악된다.

사우디아라비아의 사법체계[21]는 기본적으로 샤리아법원을 기초로 구성된다. 사안의 경중에 따라 사건이 심급법원에 배당되며 항소법원은 하급심판결을 파기할 수 있다. 사안이 매우 중대한 경우에는 11명으로 구성된 최고사법회의(Supreme Judicial Council)에 제소할 수 있다.

2) 카타르

9·11테러 이후 생생한 아랍권 현장보도로 유명해진 알자지라 (Aljazeera) 방송국[22]이 국왕의 투자로 개국된 것에서도 알 수 있듯이 걸프 아랍 국가 중에서는 개방적 성향을 가진 나라로 볼 수 있다.

카타르 헌법(2003)은 총 5편 150개 조문이며 헌법전문, 제1편 국가와 통치의 기본원리(The State and the Bases of the Rule), 제2편 사회의 지도원칙(The Guiding Principles of the Society), 제3편 권리와 의무 (Public Rights and Deuties), 제4편 통치조직(Organization of Powers), 제5편 관계규정(Final Provisions)으로 구성된다.

제4편은 다시 제1장 일반규정(General Provisions), 제2장 국왕(The Emir), 제3장 입법부(the Legislative Authority), 제4장 행정부(the Executive

---

21) Ahmed Abdelkareem Saif, Arab Gulf Judicial Structures, Gulf Research Center, 2004, p.38ff.

22) 전쟁이 일어나면 주로 미국이나 이스라엘의 공격 장면이 1면기사로 선정되는 세계 대다수 언론사의 시각과는 달리, 아랍권 신문들은 전쟁으로 인해 고통받는 사람들을 1면기사로 내보낸다. 방송에 있어서는 아랍권의 이해를 잘 대변하면서 전 세계의 주요 방송국에 영향력(아랍권 사건에 정통하면서 신속한 보도를 통해)을 미치는 방송사라 할 수 있다.

Authority), 제5장 사법부(The Judicial Authority)로 구성된다.[23]

제1편 제1조에서 이슬람을 국교로 하고 샤리아를 입법의 원천으로 한다는 것을 명문화하였고 카타르 국민은 동시에 아랍국 구성원(part of the Arab Nation)이 된다고 규정하고 있다. 제2조는 수도가 도하임을 규정하면서 법에 의해 다른 곳으로 옮길 수 있음을 규정한다. 영토의 일부를 양도하는 것을 동 조에서 금지하고 있다. 제3조는 국기, 국장, 훈장, 휘장, 국가(國歌)에 대해 법으로 정하도록 하고 있으며, 제4조는 재정과 은행구조 그리고 통화에 대해 법으로 규정하게 하고 있다.

제5조는 국가가 독립과 주권수호, 영토보전, 통합, 견고한 사회안전, 침입에 대한 방어를 수행해야 함을 규정하고 있고, 제6조는 국가가 국제헌장 및 국제관습을 존중하고 세계의 한 구성국가로서 모든 국제조약, 헌장, 관습을 적용하기 위해 노력할 것을, 제7조는 국가의 외교정책이 세계평화를 공고히 하는 데 기반을 두고, 평화적 분쟁해결과 자결주의를 지원하고 평화를 사랑하는 국가들과 협력할 것을 규정하고 있다.

제8조는 국가의 통치권이 Hamad Bin Khalifa Bin Hamad Bin Abdullah Bin Jassim의 남자 자손인 Al Thani 가문에게 세습됨과 왕의 계승과 관련된 세부사항을, 제9조는 왕이 칙령으로 후계자를 지명하되 통치권을 수행하는 왕실 가족 구성원과 지혜의 사람(Ahal Alhal wal agd)의 자문을 거치도록 하였다. 그리고 후계자는 반드시 카타르 무슬림 어머니를 가진 무슬림이어야 한다고 규정하고 있다.

---

23) Pylee, 앞의 책, 51편.

제10조는 후계자 지명 시 해야 할 선서에 대해 규정하고 있는데 알라의 이름으로 샤리아법, 헌법, 법을 존중하고 국가의 독립과 영토의 보전, 국민의 자유와 이익의 보호, 그리고 국가와 왕에 대해 충성한다는 내용이다. 제11조는 후계자가 왕의 궐위 시 권한을 대행함을, 제12조는 왕이 칙령으로 후계자에게 권력의 일부를 이양할 수 있게 하였고, 후계자는 국무회의에 참석 시 회의를 주재해야 함을 규정하였다.

제13조는 부왕과 후계자와의 관계를, 제14조는 왕실위원회(The Council of the Ruling Family) 설치에 관해, 제15조는 왕실위원회가 왕의 궐위 상황을 확인하면 국무회의(The Council of Ministers)와 슈라 위원회(Al-Shoura Council)가 비공개회의를 거친 후 왕의 궐위를 선언하고 후계자를 국가의 왕으로 선언함을 규정하고 있다.

제16조는 후계자가 서양력에 따라 18세 미만인 경우 통치권은 왕실위원회가 임명한 섭정위원회(Regency Council)에 위임되며, 섭정위원회는 위원장과 3인 이상 5인 이하의 위원으로 구성된다. 위원장과 위원의 과반수는 왕실 가족으로 구성된다. 제17조는 왕의 보수와 기금의 배분을 왕이 연차로 발행하는 결의안을 통해 이루어지도록 하고 있다.

제2편은 사회의 근본적인 지도 원칙들을 다루고 있는데, 제18조에서는 카타르 사회가 정의, 박애, 자유, 평등, 높은 수준의 도덕에 바탕을 두고 있음을, 제19조에서는 사회의 안정과 모든 국민에게 동등한 기회를 보장함을, 제20조는 국가통합의 정신을 강화하고 국민들 사이의 형제애와 협력을 위해 노력함을 규정하고 있다.

제21조는 사회의 기본이 가족임과 카타르인 가족은 종교와 윤리

그리고 애국심에 기반을 두고 있음을 그리고 법이 가족을 보호하고 지원하며, 구성원의 결속 강화 및 모성, 어린이, 노인을 보호함을 규정하고 있다. 제22조는 건전한 교육과 사회 해악요소로부터 청소년을 보호하여야 하는 국가의 의무를, 제23조는 국가의 공중보건 증진과 질병의 방어와 치료를 법으로 시행함을, 제24조는 국가의 과학, 예술, 문화적·자연적 유산의 보호, 연구 장려·촉진의무를 규정하고 있다.

제25조는 교육이 사회발전의 중요한 기둥이고 국가가 이를 담당하는 것에 대해, 제26조는 소유, 자본, 노동이 국가 공동체 구조의 기초를 형성하고 있음을, 제27조는 사유재산권의 보호와 공익수용에 있어서의 공정한 보상에 대해, 제28조는 생산증대, 복지증진, 삶의 수준 증진, 일자리 창출을 위해 경제정의와 자유를 보장함을 규정하고 있다.

제29조는 자연자원이 국유임과 자원의 보존과 개발을 법에 따라 최선으로 진행하는 것을, 제30조는 노사관계가 사회정의에 바탕을 두어야 함과 법에 의해 규율됨을, 제31조는 국가의 투자 장려와 관련 보장과 시설을 제공함을, 제32조는 국채가 법으로 규율됨을, 제33조는 모든 세대의 포괄적이고 지속가능한 개발을 위해 환경보호에 국가가 노력해야 함을 규정하고 있다.

제3편 권리와 의무 편은 제34조에서 제58조까지로 구성된다.

제4편 통치조직 제1장 일반규정은 제59조에서 제63조까지, 제2장 국왕은 제64조에서 제75조까지, 제3장 입법부는 제76조에서 제116조까지, 제4장 행정부는 제117조에서 128조까지, 제5장 사법부는 제129조에서 140조까지로 구성된다.

제5편 관계규정은 제141조에서 제150조까지로 구성된다.

권력의 원천을 국민으로 규정하면서 권력분립을 명문화하고 있다. 입법권은 자문회의(Shoura Council)에, 행정권은 국왕에, 사법권은 헌법에 규정된 법원에 속한다. 법원의 판결은 국왕의 이름으로 하게 된다. 국왕은 국무총리를 지명하고, 국왕이나 자문회의(1/3의 찬성)는 헌법을 개정할 수 있는 대권을 갖는다. 법원은 위헌심판을 행한다(제140조). 사법부는 적절한 기능 행사를 위해 최고회의(Supreme Council)의 자문을 받아야 한다(제137조).

카타르의 사법부[24]는 샤리아법원과 Adlia법원(형사법원, 민사법원, 노동법원) 그리고 Adlia항소법원으로 구성된다.

샤리아법원은 강도, 강간, 절도 등을 다루는 제1법원과 이혼, 결혼, 계약 등을 다루는 제2법원으로 구성된 하급법원과 하급법원의 항소와 중요사안을 관할권으로 갖는 상급법원으로 구성된다. 일반법원과는 달리 배심제가 적용되지 않고 선례구속의 원칙에도 얽매이지 않는다. 또한 변호사 대신 무슬림인 본인이 직접 소송절차를 수행한다. 샤리아법 판사는 본인의 샤리아법 지식에 근거해 신의 뜻을 판단한다.

형사법원은 1971년 설립되었으며 카타르 형법의 적용을 관장한다. 하급법원은 강력범죄, 경범죄, 교통사고, 절도, 도덕에 관한 사건을 관할한다. 상급법원은 항소사건과 중범죄를 다루며, 형법 제17, 22, 23조에서 규정한 살인, 동성애, 매춘, 강간과 같은 성범죄를 관할한다. 하지만 피고인이 무슬림인 경우에는 샤리아법원이 관할권을

---

24) Ahmed Abdelkareem Saif, Arab Gulf Judicial Structures, Gulf Research Center, 2004, p.22ff.

가지며 형사법원은 비무슬림에 대해서만 관할권을 행사한다.

단독판사로 구성된 민사법원은 임대사업 관련 사건, 비무슬림의 민사, 상사, 그리고 신분 관련 사건을 관할한다. 하지만 무슬림이 이러한 사건에 연루되어 있는 경우 샤리아법원은 무슬림의 신분에 관한 관할권을 계속 유지한다.

1962년에 설립된 노동법원은 종교와 관련된 노동사건에 대한 관할권을 갖는다. 때문에 무슬림 사이에 이러한 분쟁이 발생하면 샤리아법원은 그 관할권이 배제된다.

Adlia항소법원은 형사, 민사, 노동 사건의 항소를 관할하며 그 판결은 최종심으로 기판력을 갖는다.

3) 쿠웨이트

헌법전문과 총 5편으로 구성되어 있고 183개의 조문으로 구성되어 있다. 제1편 국가와 통치구조(The State and System of Government), 제2편 사회의 기본요소(Fundamental Constituents of Kuwaiti Society), 제3편 권리와 의무(Public Rights and Duties), 제4편 통치(Powers), 제5편 일반규정과 경과규정(General and Transitional Provisions)이 그것이다. 특히 제4편은 다시 제1장 일반규정(General Provisions), 제2장 국가원수(The Head of State), 제3장 국회(the National Assembly), 제4장 행정부(the Executive Power),[25] 제5장 사법부(the Judicial Power)로 구성된다.[26]

---

25) 행정부는 다시 제1관 내각(the Cabinet), 제2관 재정(Financial Affairs), 제3관 군사(Military Affairs)로 구성된다.

헌법전문에서는 알라의 속성과 국왕의 역할을 언급하면서 아랍민족주의(Arab nationalism), 세계평화, 인류문명, 정치적 자유, 평등, 사회정의, 아랍 전통의 수호와 발전, 개인의 존엄, 공익의 실현, 국가연합을 위한 합의제 견지 등을 밝히고 있다.

제1편에서 쿠웨이트는 독립된 주권을 가진 아랍 국가(Arab State)임과 주권이나 영토의 일부라도 포기되지 않으며 국민이 아랍 국가(Arab Nation)의 일부임을 규정하고(제1조), 이슬람이 국교임과 샤리아가 입법의 원천임을 밝히고 있다(제2조). 공용어는 아랍어이고(제3조), Mubarak al-Sabah(الشيخ مبارك بن صباح الصباح)왕가가 왕위를 세습하는 군주국임을(제4조), 법률에 의해 국기, 국장, 휘장, 국가(國歌) 등을 정하도록 하면서(제5조), 통치구조의 원리는 주권과 권력의 원천이 국민에게 있는 민주국가임을 그리고 그 주권의 행사는 당해 헌법에 의해 이루어져야 함을 규정한다(제6조).

제2편에서는 국가 목적으로 사회의 기둥인 정의, 자유, 평등과 국민 상호 간의 협력과 성숙한 상호원조가 사회의 근본임을 밝히면서(제7조), 이의 실현을 위한 국가의 역할을 후견적(Guardian, safeguard) 역할로 규정한다(제8조).[27] 제9조에서는 가족에 관해 규정하는데 가족이 사

---

26) Pylee, 앞의 책, 38편.

27) 대륙법계통의 국가가 역사적으로 국가나 국왕이 개인의 자유를 침해했던 반성으로 자유를 '국가로부터의 자유'로 파악하고 있는 것과는 그 내용구조가 매우 다르다. 자유는 이미 선재적으로 존재하는 자연법상의 권리 혹은 천부인권의 내용으로 파악하기에 '국가의 목적'이나 '후견에 의한 장려'라는 개념이 서구에서는 성립할 수 없다. 다만 서구의 헌법이론 중에서도 민주주의가 정착된 20C의 '사회적 법치국가' 개념하에서 국가가 자유를 침해한다는 18, 19C의 '자유주의적 법치국가' 개념하의 침해사고적 개념에서 벗어나 국가가 적극적으로 개입하여 자유를 증진시킬 것을 주문하는 견해도 복지국가 과제와 연결되어 보편화되었다. 통상 서구 법체계에서는 주로 예산이 수반되는 복지영역의 부분을 국가목적으로 설정하고 장기과제로 파악하면서 국가의 후견적 역할을 강조하고 있다, 우리나라처럼 분단이 되어 있는 경우 통일과업이 국가목적이 되기도 한다.

회의 초석(cornerstone)이라고 하면서 종교와 도덕과 애국심의 토대 위에 형성되며 법의 역할이 가족의 연합을 유지하고 결속을 공고히 하며 모성과 아동을 보호하는 것임을 천명하고 있다. 청소년을 도덕적, 육체적, 영적으로 보호하고 돌보는 국가의 의무를 역시 규정하고 있다(제10조). 제29조에서는 평등, 인간의 존엄, 자유를 규정하지만 사우디아라비아처럼 샤리아에 대한 언급은 없다. 제40조에서는 교육이 공공정책과 도덕의 테두리 내에서 보장됨을 규정하고, 제49조에서는 공공질서(public order)의 준수와 공중도덕(public moral)의 존중을 모든 거주민에게 요구하고 있다.

권력에 대해 규정하고 있는 제4편에서는 권력의 분립을 제1장에서 규정하고 있는데 통치구조가 헌법규정에 따른 각 기관의 협력하에서의 권력분립원칙에 바탕을 두고 있다고 한다. 헌법이 규정하는 이러한 권력의 전부나 일부는 이양할 수 없다고 규정한다(제50조). 이에 따라 입법권이 헌법에 따라 왕과 국회에 귀속되고(제51조), 행정권은 헌법이 정하는 바에 따라 왕, 내각, 장관에게 귀속되며(제52조), 사법권은 헌법의 범위 내에서 왕의 이름으로 행사되는 법원에 귀속됨을 밝히고 있다(제53조).

제2장 국가원수 편에서는 왕이 국가원수임을 밝히면서 왕권의 절대성(immune)과 불가침성(inviolable)을 선언하고(제54조), 장관을 통한 권한 행사와(제55조), 국무장관(Prime Minister)을 자문(the traditional consultations)을 거쳐 임명하고 장관들을 국무장관의 추천에 의해 임명하도록 하면서(제56조), 국무장관과 장관들은 왕에 대해 연대책임(collectively responsible)을 지고 각 장관은 또한 개별적으로 왕에 대해 소관업무에 관한 책임을 진다고 규정한다(제58조). 제59조는 왕

에게 보장된 헌법상의 권한행사를 법에 따라 행사하도록 하고 있으며 신의(神意)에 따른 왕권계승선서에서는 헌법과 법을 존중하며 국민의 자유, 권익, 재산을 방어하고 독립과 국가의 영토적 통합을 공고히 할 것을 맹세하도록 규정하고 있다(제60조). 부왕을 두어 부재나 사고 시에 (왕의 권한 범위 내에서) 권한을 대행하도록 하고 있고(제61조), 이 경우 '왕에 대한 충성'을 선서내용에 추가하는 것을 제외하고는 왕권계승선서의 내용과 동일한 내용으로 선서하게 된다(제63조). 전쟁은 왕의 칙령(decree)에 의해 선포되나 방어목적인 경우에만 허용되고, 공격목적의 전쟁은 허용하지 않고 있다(제68조). 계엄령은 법이 정한 요건을 충족하는 경우 왕의 칙령의 형식으로 선포되나 이 경우 15일 이내에 국회에서 그 효력의 지속성에 대한 결정을 해야 하고, 국회해산의 경우에는 새로 구성되는 차기국회의 첫 회의에서 이를 결정해야 한다(제69조). 왕의 비상명령(Emergency Decrees)도 허용되는데 이는 국회가 폐회 중이거나 해산된 경우에 한하고 이경우 왕의 비상명령은 법률의 효력을 가진다(제71조). 이러한 비상명령은 헌법에 위배되어서는 안 되고 예산을 수반하는 법에 상반되어서도 안 된다. 칙령에 의해 사면과 감형을 할 수 있으나 일반사면의 경우에는 그 목적에 맞게 법에 의해서만 할 수 있다(제75조). 법에 따라 훈장수여(제76조)를 하고 통치기간 동안의 왕의 연봉 역시법에 의해 정해지게 된다(78조).

제3장 국회 편에서 규정하고 있는 내용[28] 중 중요한 것을 살펴보

---

28) 제79조에서 제122조까지(총 44개 조문)의 내용이며 많은 내용을 규정하고 있다. 광역 업무를 수행하는 행정부 편이 제123조에서 제161조까지(총 59개 조문), 사법부 편이 제162조에서 173 조까지(총 12개 조문), 왕권에 대해서는 제54조에서 제78조까지(총 25개 조문)를 규정하고 있는 것과 비교해보면 국회 편의 내용이 매우 자세히 규정된 것을 알 수 있다.

면 다음과 같다. 법은 국회에서 통과되고 왕이 승인해야 효력을 가진다(제79조). 국회의원의 자격을 제82조에서 정하고 있는데, ① 법에서 인정된 쿠웨이트 태생일 것, ② 선거법에 따른 선거권자일 것, ③ 선거일 현재 30세 이상일 것, ④ 아랍어를 잘 읽고 쓸 수 있을 것이 그 요건이다. 정기회는 8개월 이상이 열려야 하고(제85조), 임시회는 국왕의 칙령이나 국회의원 과반수의 요구로 열린다(제88조). 국회에는 의장과 부의장을 두며(제92조), 왕은 해당 연도나 차기 연도의 국정이나 중요 공적 사안의 내용을 포함하는 국회 개회연설을 하며 국무장관에게 이를 위임하거나 대독하게 할 수 있다(제104조).

제4장 행정부 편에서는 국무장관의 보수를 법으로 정하도록 하고 있으며(제124조), 장관의 자격은 국회의원의 자격을 규정한 제82조를 준용한다고 하고 있다(제125조). 국무장관이 사임하거나 직을 상실하면 모든 장관 역시 이에 종속되며(제129조), 장관의 겸직을 금지하면서 재임 중 국유재산의 구입이나 취득을 금지하고 있으며, 자신의 재산을 판매하거나 전환하여 국가소유가 되도록 하는 것을 금지하고 있다(제131조). 업무수행이나 감독을 위한 행정명령을 발하게 하고(제130조), 업무수행 중 발생하는 민·형사상의 위법상태에 일반법 대신 특별법을 적용하게 하고(제132조), 지방자치를 보장한다(제133조).

제5장 사법부 편의 중요내용 개관은 다음과 같다. 사법부의 독립을 보장하며(제163조), 법에 정한 경우를 제외하고는 공개재판을 통해(제165조) 모든 사람이 사법부의 조력을 받을 수 있다고 규정하고 있다(제166조). 법에 따른 사법최고회의(Supreme Council of Judiciary)가 구성되며(제168조), 법원과 군사법원의 기능과 관할권을 규정하

면서(제164조), 각 법원 사이의 관할권분쟁 해결방법은 법으로 규정하도록 하고 있다(제172조). 제173조에서는 법에 의해 설치된 헌법심사기관을 규정하면서 행정부나 관련 당사자가 위헌법규에 대한 심사를 청구할 권리를 법에 의해 보장하도록 하고 있으며, 이 기관이 법규에 대해 위헌 선언을 한 경우 그 법규는 무효로 간주되게 하고 있다. 비교법적으로 특이한 것은 사법부 편에서 검찰조직을 규정하고 있다는 것이다(제167조).[29] 또한 예외적으로 법에 규정된 특정범죄에 대해서는 법률에 의해 그 수사를 정보기관(public security authorities)에서 할 수 있도록 하고 있다.

쿠웨이트의 사법체계[30]는 매우 독특하다. 민사법원이 형사, 상사, 신분법, 노동, 임대, 행정과 같은 모든 사건을 관할한다. 헌법이 행정법원을 허용하고 있음에도 민사법원이 행정사건을 관장하며 무슬림이 관련된 사건도 분리된 샤리아법원 대신 민사법원이 관장한다.

사건의 경중에 따라 수소심급법원이 정해진다. 1심으로 볼 수 있는 약식(juz'i) 혹은 1심(kulli)법원과 2심으로 볼 수 있는 항소법원(appeals court) 그리고 최고법원(A Court of Cassation)으로 분류된다.

4) 바레인

신과 국가 그리고 국민에 대한 의무와 이슬람이 현세와 내세에 구원을 가져다준다는 믿음 그리고 입헌군주제의 양원제[31]를 채택하고

---

29) 우리나라는 법무부에 검찰청을 두고 있기에 행정부 소속이 된다.

30) Ahmed Abdelkareem Saif, Arab Gulf Judicial Structures, Gulf Research Center, 2004, p.16.

31) 통상 서구식 표현방식에 따라 상원으로 불리는 원(院)이 '자문회의(The Consultative Council)'라고 규정되어 있다. 본 서에서 양원이라 표기하는 것은 상원의 역할을 하는 '자문회의'와 '하원

있음을 선언하고 있는 장문의 헌법전문과, 제1장 국가(The State), 제
2장 사회의 기본요소(Basic Constituents of Society), 제3장 권리와 의무
(Public Rights and Duties), 제4장 통치구조(Public Authorities General
Provisions), 제5장 재정(Financial Affairs), 제6장 일반조항(General and
Final Provisions)으로 구성되었으며 총 125개의 조문을 가지고 있다.

제4장 통치구조는 다시 제0관 일반조항(General Provision), 제1관 왕
(The King), 제2관 행정부(The Executive Authority), 제3관 입법부(The
Legislative Authority National Assembly), 제4관 사법부(The Judicial
Authority)로 구성된다. 제3관 입법부[32]는 제0부 일반조항(General Provision),
제1부 자문회의(The Consultative Council), 제2부 하원(The Chamber of
Deputies), 제3부 양원공통조항(Provisions Common to Both Chambers)
으로 구성된다.[33]

아랍 국가의 일원으로 독립된 주권을 행사하는 입헌군주국이며
(제1조), 국교는 이슬람이고 입법의 원천이 샤리아이며 국어가 아랍
어라는 것을 명시하고 있고(제2조), 국기, 훈장, 국가(國歌) 등은 법
에 의해 규정하도록 하고 있다(제3조). 정의가 통치의 근본이라고 하
면서 협력과 상호존중을 통해 국민 간의 결속을 공고히 하고 자유,
평등, 안전, 신뢰, 지식, 사회적 연대, 기회의 균등을 국가에 의해 보
장되는 사회의 기둥으로 규정한다(제4조).

(The Chamber of Deputies)'을 지칭하는 의미로 사용하였다.

32) 헌법전문에서는 발전된 문명국가의 통치구조로 이슬람의 통치구조가 최상의 모델이라고 하면서
  협의(counsel: shura)에 바탕을 둔 입헌군주제와 권력의 행사에의 국민의 참여를 그 내용으로 제시
  한다. 전자는 이슬람에, 후자는 현대정치이론에 근거를 둔다고 하고 있다. 통치자(The Ruler)가 지명
  한 현자(experienced people)로 구성되는 자문회의(The Consultative Council: Majlis al-Shura)와 선거를
  통해서 구성되는 하원(Chamber of Deputies: Majlis al-Nuwwab)이 국회(the National Assembly:
  Al-Majlis al-Watani)를 구성하는 방식을 채택하여 전술한 내용을 구체화하고 있다.

33) Pylee, 앞의 책, 8편.

제5조에서는 가족이 사회의 기본임과 종교, 도덕, 애국심에 영향을 미치는 단위임을 밝히고 있다. 법으로 모성과 아동 그리고 청소년을 도덕적, 육체적, 영적으로 보호하도록 하면서 특히 청소년의 육체적, 도덕적, 지적 발달을 돌보도록 하고 있다. 또한 동 조에서는 여성의 가족에 대한 의무와 사회참여 사이의 조화와, 샤리아법을 침해하지 않는 범위 내에서 정치, 사회, 문화, 경제영역에서 남성과 동등한 대접을 받도록 국가가 보장할 것을 규정하고 있다. 노인, 질병, 장애, 고아, 과부, 실업, 의료문제 등 필요한 사회안전망을 국가가 담당하고, 상속은 샤리아에 의해 보장됨을 규정하고 있다.

제7조에서는 아랍주의에 대한 자긍심 고취를 교육을 통해 달성하도록 규정하면서 법이 이를 규율하도록 하고 있다.[34]

제32조에서는 입법, 행정, 사법의 권력분립을 규정하는데 동시에 헌법에 따른 상호협력을 유지하도록 하고 있다. 상호 간의 권한 이양이나 위임은 허용되지 않음을 규정하면서도 특별한 기간 동안이나 특수한 주제에 대한 입법을 하는 경우에는 위임법(the Delegation Law)에 따라 제한된 범위에서 위임이 허용된다고 한다. 입법권은 왕과 국회에, 행정권은 왕과 국무회의(the Council of Ministers)와 장관들에게 부여되고 사법부의 판결은 왕의 이름으로 내려진다.

왕은 국가원수이며 종교와 국가의 수호자이고 국가통합의 상징이 되며(제33조 1항), 왕령(Royal Order)에 의해 국무장관(Prime Minister)과 자문회의 구성원을 임명 혹은 해임하며 국무장관의 추천과 왕의 칙령(Royal Decree)에 의해 장관을 임명 혹은 해임한다(제33조 4항).

---

34) 우리 헌법은 제31조 제4항에서 교육의 자주성, 전문성, 정치적 중립성, 대학의 자율성을 법률이 정하는 바에 의해 보장하도록 하고 있다.

군의 최고사령관이 되며(제33조 7항), 최고사법회의의 의장이며 왕
령으로 최고사법회의의 추천을 받아 판사를 임명한다(제33조 8항).

국가 부원수 제도를 두고 있으며 왕세자(the Crown Prince)가 왕의
부재나 사고 시에 직무를 대행하지만 그 범위는 왕의 권한 내로 한
정된다(제34조). 왕은 헌법을 개정하거나 법률을 제안할 수 있고, 헌
법개정안과 법률안에 대한 비준과 공포권을 가지며 자문회의와 하
원에서 통과하여 송부된 법률에 대해 왕이 재의를 요구하지 않은 채
6개월이 경과하면 그 법률안은 왕이 비준과 공포를 한 것으로 간주
된다(제35조).

방어목적의 전쟁을 왕이 칙령에 의해 공포할 수 있고 이 경우 전
쟁수행 결정을 위해 칙령이 국회에 즉시 송부된다(제36조). 양원이
소집 중이거나 휴회 중인 경우 발생한 사건이 지체됨 없이 신속히
처리되어야 할 경우 왕은 법률의 효력을 갖는 칙령(Decrees)을 헌법
에 위반되지 않는 범위에서 포고할 수 있다(제38조).

감형권과 사면권을 가지지만 일반사면은 반드시 법에 의하여야
하고(제41조), 하원의 선거를 위한 왕령을 법에 따라 공포할 수 있
고, 칙령에 정해진 요건을 충족하는 경우 하원을 해산할 수 있으나
동일한 사유로 다시 해산할 수는 없다(제42조). 중요한 법이나 국익
과 관련된 사안에 대해 국민투표를 부의할 수 있으며 투표결과는 공
포된 날로부터 모든 이를 구속한다(제43조).

행정부에 국무장관과 장관들로 구성되는 국무회의(the Council of
Ministers)가 설치되며(제44조), 장관은 바레인태생이어야 하며 그레
고리 역법에 따른 30세 이상의 자이어야 한다(제45조 1항). 국무장
관과 장관의 봉급은 법률에 의해 정한다(제45조 2항). 왕은 참석하는

국무회의의 의장이 된다(제47조 2항). 여하한 이유로 국무장관이 사임하는 경우 모든 장관의 사임이 수반된다(제47조 4항).

입법부의 자문회의는 왕령에 의해 임명된 40명으로 구성하며(제52조), 바레인태생이며 35세 이상인 자여야 한다(제53조). 임기는 4년이며 연임이 가능하다(제54조). 하원은 법에 따른 직접, 비밀, 일반선거에 의해 선출된 40인으로 구성된다(제56조).

하원의원의 자격은 바레인태생이며 30세 이상이며 아랍어를 매우 잘 읽고 쓸 수 있어야 한다(제57조). 하원의원의 임기는 4년이며 필요한 경우 왕이 왕령을 통해 하원의 입법기(legislative season)를 최장 2년까지 연장할 수 있다(제58조). 하원의장 1인과 부의장 2인을 두며(제60조), 5인 이상의 하원의원 연서로 장관을 출석시켜 질문과 논의를 할 수 있으며 질문 제기 후 8일이 지나면 장관의 동의 없이 논의를 계속할 수 없다(제65조).

하원은 장관과 국무장관에 대해 불신임 투표를 할 수 있는데 장관의 경우 하원의원 10인 이상의 연서에 의해 불신임안건을 상정할 수 있고, 7일 이내에 처리해야 하며, 재적 2/3의 찬성으로 불신임을 의결하며, 의결된 날로부터 장관은 직에서 물러난다(제66조). 국무장관의 경우는 하원재적의원 2/3의 찬성으로 불신임안을 상정할 수 있고 이 경우 국회로 안건이 이송되며, 역시 7일 이내에 안건을 처리해야 하며, 국회재적의원 2/3의 찬성으로 가결된 경우 이 안건이 국왕에게 송부되며 왕은 국무장관을 해임하든지 아니면 하원을 해산하여야 한다(제67조). 하원은 헌법이 부여한 권한 내에서 국정조사권을 가지는데 4월 이내에 조사결과를 제출하여야 한다(제69조).

제70조부터 제103조에서는 양원 공통의 의사일정 등에 관한 자세

한 내용을 규정하고 있으며, 헌법에 특별한 규정이 없는 한 국회에서 각 원 과반수 출석으로 의사정족수가 충족된다. 의결정족수는 출석 과반수 찬성으로 충족되며 가부 동수인 경우 의장이 결정권을 가진다(제103조).[35]

제4관 사법부 편에서는 제104조 1항에서 법관의 정직성과 공평성, 사법부의 존경이 국가의 근본이 됨을 밝히고, 2항에서는 판사의 재판에 개입하는 국가권력이 없음과 재판개입 금지를 선언하면서 사법부와 법관의 독립을 법으로 보장하고 있다. 3항에서는 검찰조직을 규정한다.[36]

제105조에서는 법에 의해 설치되는 각급법원과 군사법원에 대해 규정한다.

제106조 제1항은 왕령에 의해 임명되는 소장과 6인의 재판관으로 구성되는 헌법재판소에 대해 규정하고 있다. 제2항에서는 정부, 자문회의, 하원, 중요인물(notable individuals)과 기타인물(others)이 가지는 법령에 대한 위헌심판제청권을 보장하며, 위헌결정은 재판소가 기일을 지정하지 않는 한 즉시 효력을 발한다고 규정하고 있다. 동조 제3항에서는 왕이 법률의 합헌성을 판단하기 전에 재판소에 의견을 개진할 수 있도록 하고 있으며, 재판소의 결정은 모든 국가기관과 국민을 구속한다고 규정하고 있다.

바레인의 사법부[37]는 민사법원과 샤리아법원으로 구성된다. 민사법원은 상사, 민사, 형사, 비무슬림과 관련된 모든 사건을 관할한다.

---

35) 국회 편의 내용이 쿠웨이트와 마찬가지로 매우 자세히 규정되어 있다.

36) 쿠웨이트와 마찬가지로 검찰조직을 사법부에 포함되는 것으로 본다.

37) Ahmed Abdelkareem Saif, Arab Gulf Judicial Structures, Gulf Research Center, 2004, p.12f.

1989년 설립된 최고상소법원(Supreme Court of Appeal)은 민사, 상사, 형사사건과 비무슬림이 연관된 사건을 관장한다.

샤리아법원은 무슬림의 신분과 관련된 모든 사건을 관장한다. 바레인에는 순니파와 시아파 무슬림을 분류하여 순니파 샤리아법원과 시아파 샤리아법원(Jaafari Sharia Court)을 따로 두고 있다. 2심제로 구성되며 상급법원인 샤리아상소법원(High Sharia Court of Appeal)은 적어도 2명의 판사로 구성되며, 판단이 엇갈릴 경우 법무부는 1명의 판사를 더 추가시켜 다수결로 판단하도록 한다.

1975년에 설립된 국가안보법원(State Security Court)은 2001년 2월 폐지될 때까지 국내외 안보사건을 관할하였고, 1970년 설립된 군사법원의 관할권은 헌법에서 제한하고 있다.

5) 오만

헌법전문, 제1편 국가와 통치구조(The State and the System of Government), 제2편 국가의 지도원리(Principles Guiding state Policy), 제3편 권리와 의무(Public Rights and Duties), 제4편 국가최고권력(The Head of State), 제5편 오만회의(The Oman Council), 제6편 사법부(The Judiciary), 제7편 일반규정으로 구성되어 있으며 총 81개 조문을 갖는다. 이중 제4편은 다시 제1관 왕(The Sultan), 제2관 국무회의(The Council of Ministers), 제3관 국무총리, 부총리, 장관(The Prime Minister, His Deputies and Ministers), 제4관 특별자문회의(Specialised Councils), 제5관 재정(Financial Affairs)으로 구성된다.[38]

제1편 제1조에서는 오만왕국이 무스카트를 수도로 하는 아랍 이

슬람 독립국임을 천명하고 있으며, 제2조에서는 국교가 이슬람교임과 입법의 원천이 샤리아임을 규정하고 있다. 제3조에서는 아랍어가 공식어임을, 제4조에서는 국기, 국가 상징, 훈장, 국가 관련 사항을 법으로 규정하게 하고 있다.

제5조에서는 국가형태가 Sayyid Turki bin Said bin Sultan의 남자 자손에게 세습되는 왕정임을 밝히고 있다. 또한 무슬림 부모로부터의 적자이면서 건전한 신앙을 가진 성인 무슬림 남자가 통치권을 가질 수 있음을 규정한다.

제6조는 왕이 궐위된 경우 왕실위원회(Ruling Family Council)가 후계자 지명을 3일 이내에 해야 함을(1항), 왕실위원회가 후계자에 대해 동의하지 않는 경우에는 국가위원회(Defence Council)가 왕의 이름으로 계승을 확정하고 왕실위원회에 통고함을(2항) 규정하고 있다.

제7조는 왕이 알라의 이름으로 국법을 수호하고 국민의 재산과 자유를 보호함과 국가의 독립과 영토의 보호에 관한 선서를 해야 함을 규정하고 있으며, 제9조는 통치권의 행사가 정의, 슈라(Shurah)의 자문, 평등에 기반을 두고 있음을 밝히면서 국민은 법이 정한 방법에 의해 공무에 참가할 수 있음을 규정하고 있다.

제2편 제10조는 정치적 지도원리에 대한 내용을, 제11조는 경제적 지도원리를, 제12조는 사회의 지도원리를, 제13조는 문화의 지도원리를, 제14조는 국가안전에 대한 지도원리를 규정하고 있다.

제3편 제15조는 국적이 법에 의해 규율됨을, 제16조는 거주이전의 자유를, 제17조는 평등권, 제18조부터 제26조까지는 신체의 자유

---

38) Pylee, 앞의 책, 47편.

관련 내용을, 제27조는 주거의 자유를, 제28조는 공공질서와 사회상규에 위배되지 않는 관습에 따라 종교의식을 거행할 자유를, 제29조는 법이 허용한 범위 안에서의 표현의 자유를, 제30조는 통신의 자유를, 제31조는 법에 의해 규정된 언론의 자유를 규정하면서 공공과 국가의 안녕 그리고 타인의 존엄과 권리를 침해하지 못함을 규정하고 있다.

제32조에서는 집회의 자유를, 제33조에서는 결사의 자유를, 제34조에서는 청문권을, 제35조는 외국인의 권리를, 제36조는 정치적 망명자의 송환금지와 국제법과 협약에 따른 형사범의 인도에 관한 내용을, 제37조는 국방의 의무를, 제38조는 국가통합과 안전을 위한 국민의 의무를, 제39조는 납세의 의무를, 제40조는 국가 내 거주자의 법령준수의무와 공중도덕의 준수의무를 규정하고 있다.

제4편 제1관 제41조는 왕을 국가의 최고지도자로 규정하고 있으며, 제42조는 왕의 관할 사항을, 제43조는 국무회의와 특별자문회의의 도움을 받아야 함을 규정하고 있다.

제2관 제44조는 국무회의의 관할사항에 대해, 제45조는 국무회의 의장과 의장직 대행에 관해, 제46조는 의결정족수와 회의의 비밀보장에 대해, 제47조는 국무회의의 절차를 포함한 규정 제정과 사무국에 관해 규정하고 있다.

제3관 제48조는 국무총리를 왕이 임명함을, 제49조는 국무총리와 부총리 그리고 장관이 오만국적을 가져야 함과 30세 이상이어야 함을, 제50조는 국무총리, 부총리, 장관들이 하여야 하는 선서의 내용을(국왕의 선서내용과 유사하나 왕에 대한 충성과 직무의 성실한 수행이 추가됨), 제53조는 국무회의 위원들의 경제적 이권관여 금지를 규정하고 있다.

제4관 제56조는 특별자문회의의 설치와 위원의 임명은 왕령에 의함을 규정하고 있으며, 제5관 제57조는 재정 법제가 규율해야 할 내용을 규정하고 있다.

제5편 제58조는 오만회의의 구성에 대해 규정하고 있는데 슈라(The Shurah Council)와 국가회의(The Council of State) 위원으로 구성됨을 밝히고 있다. 위원의 임기, 회기, 절차, 자격, 선출과 임명의 방법, 해촉사유는 법으로 규정하게 하고 있다.

제6편 제59조는 법의 지배와 판결의 공정을, 제60조는 법원의 독립을, 제61조는 법관의 신분보장을, 제62조는 법원조직법정주의와 군사법원, 계엄령에 관해, 제63조는 공개재판원칙을, 제64조는 검찰을, 제66조는 판사와 검사의 직무에 관한 내용을 다루는 사법최고회의를, 제67조는 행정법원을, 제68조부터 제71조는 소송실무에 관한 내용을 규정하고 있다.

제7편 제72조와 제76조는 조약에 관한 내용을 제79조는 헌법의 최고성에 대해 규정하고 있다.

오만의 사법제도[39]를 보면 샤리아법의 영향이 매우 강하게 나타난다. 이런 영향으로 1996년에 이르러 사법부의 독립이 헌법에 규정되었다. 1994년에 법무부(Ministry of Legal Affairs)가 창설되면서 1975년에 설립된 전통적 법제처(Diwan of Legislation)의 기능을 대신하였다. 모든 법관은 왕이 임명한다.

샤리아법원은 모든 민사사건과 중하지 않은 형사사건을 관장하고

---

39) Ahmed Abdelkareem Saif, Arab Gulf Judicial Structures, Gulf Research Center, 2004, p.20f.

중대한 형사사건은 형사법원이 관할한다. 샤리아법원은 3심제로 구성되며, 1심법원, 항소법원, 최고상소회의(Complaints Committee)가 그것이다. 항소법원은 3명의 종교판사(Qadis or religious judges)로 구성된다.

상사분쟁은 1990년 상법에 따라 설립된 상사중재원(Authority for the Settlement of Commercial Disputes)에서 판단한다. 관할권에는 해운, 보험, 건설, 계약, 상표, 금융사건이 포함된다.

특별법원으로는 노동법원, 조세 관련 항소를 담당하는 조세위원회(Taxation Committee), 자치법원(Municipality Court)이 있다.

6) 아랍에미리트연방

Abu Dhabi, Dubai, Sharjah, Ajman, Umm Al Quwain, Fujairah, Ras Al Khaimah의 7개 왕국의 연합체로 구성된 연방국[40]이다. 연방과 각 왕국의 권력 배분 관계는 미국이나 독일 등 서구 연방국가의 구조[41]보다는 약한 결속력을 가진 연방국가의 형태로 볼 수 있다.[42]

---

40) 연방국가는 적어도 두 개 이상의 독립한 국가가 그 구성요소로 된다는 점에서 단일국가와 구별된다. 또한 이들 국가가 헌법적으로 결합을 한다는 점에서 국가연합과 구별된다. 주(州, Gliedstaaten) 혹은 지방국이 대내적으로는 국가의 성격을 가지지만 대외적으로는 연방국가라는 하나의 국가로 여겨진다는 점이 국가연합과 다른 점이다. 주(州) 혹은 지방국은 고유의 국가적 성격을 계속 유지하기에 대내적으로는 독자적 국가권력을 가지고 또한 국가조직을 가지게 된다. 단일국가 내에서 인정되는 지방자치권이 아무리 폭넓게 인정된다고 해도 국가적 성격을 가지지 않는다는 점에서 이러한 주(州) 혹은 지방국 고유의 성격과 구별된다. 허영, 『헌법이론과 헌법』, 박영사, 2010. 323ff.

41) 서구에서의 연방국가 구조에 관한 논의를 살펴보면 다음과 같다(허영, 『헌법이론과 헌법』, 박영사, 2010, 326ff.). 3원적 구조론(dreigliedrige Konstruktion)은 연방국가를 주(州), 연방, 전체국가로 보면서 주(州)와 연방이 동위에 있으며 이 상위개념으로 전체국가가 있다고 한다. 연방과 주(州)가 모두 주권을 가지고 있다고 보는 견해이며 연방은 주(州)에 대해 권한을 행사할 수 없고 다만 전체국가의 기관이 이를 할 수 있다고 본다. 국가와 법질서를 동일시하고 국가권력의 시원성을 전제로 하면서 국가권력의 무제한성을 강조하는 법실증주의 학파에서 견지하는 입장이다. 부분국가론(Teilstaatenlehre)은 연방과 주(州)를 한 전체구조(Gesamtgefüge)의 동위적인 부

오히려 유럽연합(EU)의 형태에 가깝다고 보이지만 7개 왕국을 대표
하는 대통령을 가지는 등 유럽연합의 결합관계보다는 강한 결속력
을 가진다고 볼 수 있다.

아랍에미리트의 연방구조는 기본적으로 다양한 부족의 연합체로
되어 있다. 이는 연방의 유지를 위한 동질성(Homogenität)이 취약한
구조를 가지는데 이를 상쇄시키는 연결점이 '아랍인'과 '이슬람'이라

분국가(Teilstaaten)라고 본다. 이에 의하면 연방은 주(州)에 국가작용을 할 수 없게 된다. 3원적
구조이론과 매우 유사하나 연방과 주(州)에 국가작용을 할 수 있는 기관이 없게 된다. 3원론의
전체국가에 대비되는 전체구조(Gesamtgefüge)가 국가가 아니라고 보기 때문이다. 2원적 구조론
(Zweigliedrigkeitslehre)은 연방국가가 연방과 주(州)로 구성되며 주(州)의 결합에 의해 연방국가
가 성립하고 연방기관이 전체국가의 기관이 된다고 한다. 연방과 전체국가를 동일하게 보는
것이다. 이에 의하면 연방은 주(州)보다 상위에 서게 되고 연방은 주에 대해 입법 활동 등의 국
가작용을 하게 된다. 이렇게 볼 때는 정치적 비중이 연방에 치중되게 된다. 연방국가의 구조적
특징으로는 다음의 3가지 점을 들 수 있다. ① 연방국가에서의 연방헌법과 주(州)헌법 사이에
는 이념적 · 내용적 동질성이 최대한 보장되어야 하지만 동시에 어느 정도의 이질성이 또한
존중되어야 한다. 동질성(Homogenität)이 결핍되면 연방국가적 유대관계가 성립되거나 존속될
수 없고, 최소한의 이질성(Heterogenität)이 없다면 구태여 연방국가라고 분류할 필요가 없기
때문이다. ② 국가적 성격의 각 주(州)들이 단순히 연합체를 형성한 것이 아니기에 연방법과
주(州)법 사이에는 효력의 우선순위가 연방법 우위의 정신에 따라 정해져야 한다. 연방과
주(州) 사이에 그리고 주(州) 상호 간에 서로의 권한과 주체성을 존중하고 보호하는 신의(Treue)
의 정신이 제도적으로 구현되어 실현되어야 한다. 각 주체는 상대방의 입장을 고려하고 존중
하여 자신의 입장을 실현시켜 나가야 한다.

42) 연방국가(Budesstaat)는 주로 민족적 통합이나 지역적으로 분산된 주권적인 정치적 활동단위를
통합시키기 위한 목적으로 각 주권적 단위의 전통적인 주권과 독립성을 최대한으로 존중하고
보장해주기 위해 나타난 정치적 구조원리이다. 허영, 『헌법이론과 헌법』, 박영사, 2010, 333쪽;
단일국가(Einheitsstaat)에 비해 연방국가는 그 의사형성의 구조가 느리고 그러한 연방조직을 유
지하는 사회적 비용이 들어가게 된다. 비교적 권한 다툼이 없는 외교 · 국방 · 재정 부분에
있어서는 연방의 통일적 정책수행이 용이할 수 있으나 그 밖의 영역에 있어서는 서로 간의 이
해관계가 대립되는 경우 국가행정업무의 통일성이 관철되기 어려울 수 있다. 하지만 민족적
통합이나 주권적 정치공동체의 통합을 위해서 가지는 장점이 있기에 이러한 단점에도 불구하
고 연방제도를 채택하고 있는 것으로 보인다. 단일국가란 주권이 하나 있는 국가를 말한다. 반
면, 연방국가는 각 결합국 개개가 지분을 갖는 것을 기본적으로 의미한다. 통상적으로 연방국
가는 헌법을 가지며 지분국도 헌법을 가진다. 즉 연방헌법이 있고 주헌법이 있다는 것이다. 따
라서 대개 연방은 지분국의 권리와 관할권 그리고 독립성을 보장하고 있다. 이에 대한 자세한
내용으로는 김철수, 『헌법학(상)』, 박영사, 2008, 178-179쪽 참조; 각각의 독립적 국가정치공동
체가 연합되어 연방국가가 된 경우 주권의 소재는 어디에 속하게 되는지에 대한 논의들이 있는데
연방국가의 개별 주(州, Gliedstaaten)들이 지분국으로서의 주권을 가지느냐에 대한 논의이다. 한
편 국가연합(Staatenbund)은 특정한 목적을 가진 국가들이 연합하는 형태이며 이러한 연합체의
대표기관은 국가적 성격을 가지는 단일체로 여겨지지 않는다는 점이 연방국가와 다른 점이다.
이러한 국가연합의 예로 유럽연합을 들 수 있다. 또한 소비에트연방은 1991년 해체 후 독립국
가연합으로 그 연합의 강도를 약화시켰다.

는 단어로 나타난다고 보인다.

이러한 연방국 형태를 보다 더 잘 이해하기 위해서는 아랍에미리트연방의 탄생배경을 살펴보는 것이 필요하다.

(1) 연방의 탄생배경

1853년 이래 실질적인 영국의 보호국이 된 여러 토호국들이, 1968년 영국정부가 걸프지역의 각 부족들과의 조약을 1971년까지 파기할 것을 선언하자, 국방 및 외교에 대한 지식이 없었던 각 부족들은 연방국가 형태를 통한 정치체제의 설립에 공감하고 연방헌법을 제정하였다. 1971년 카타르와 바레인을 제외한 토후국들이 아랍에미리트 연방으로 출범하였다.[43)]

크게 보아 아랍에미리트의 부족은 Bani Yas,[44)] Qawasim,[45)] Na'im[46)] 부족으로 구분할 수 있다.[47)] 이들 부족 출신들이 대통령 등 요직을 맡아 통치가문으로 자리매김하고 있다. 이들은 1930년대 진주 채취 산업의 쇠퇴로 위기를 맞기도 하였는데, 1960년대 석유 개발로 자본을 독점하면서 전통적인 부족 내 합의방식에 따른 지도자 선출 대신

---

43) 금상문, 「UAE(United Arab Emirates)의 정치발전과 이슬람」, 『중동연구』, 제23권 1호, 2004, 65쪽 이하.

44) 현존하는 부족민 중 최다 구성원을 가진 단일 부족이며 약 12,000명 정도로 추산된다. 이들의 전통적 영지는 Abu Dhabi, Liwa, Al Ain과 거의 일치하며 정치요직을 차지하고 있다. 장세원, 「아랍에미리트의 부족주의 연구 ― 정치엘리트와 부족주의 관계 ―」, 『한국중동학회논총』, 제27-1호, 2006, 117쪽.

45) Bani Yas부족과 함께 중요한 위치를 점하며 전통적으로는 북동해안지역인 Sharjah와 Ra's al-Khaima 지역의 통치 셰이크이다. 16C에는 서구 열강의 진출로 해적으로 전락하기도 하였다. 1952년에는 Sharqiyin부족의 셰이크가 독립하면서 Fujairah지역을 아랍에미리트의 7번째 토호국으로 편입시키자 이 부족의 정치력이 큰 타격을 입기도 하였다. 위의 논문, 118쪽.

46) 오늘날 Ajman토호국 구성원이다. 1950년대에는 13,000명으로 추산되었고, 잦은 내전으로 인해 정치적 역량이 매우 약해졌으나 아랍에미리트 부족 내 정치 역학의 한 축으로 기능하고 있다. 오만과의 관계에서 지정학적으로 중요한 오만과의 휴전해안(trucial coast) 지역에 퍼져있기도 하다. 위의 논문, 118쪽.

47) 위의 논문, 115쪽 이하.

정치적 권력안배를 통한 세습적 권력 승계구조를 만들었다.[48]

　7개 토호국의 국교는 이슬람이며 연방국민의 80%가 수니파이다. 이는 Bani Yas부족과 그 연합 부족들이 수니파이기 때문이다. 선거나 관료임명과 같은 정치 과정에 이슬람사원과 마즐리스(Majlis)등이 영향력을 행사한다.[49]

　21세기 사회에서 부족국가 형태를 유지하고 있으며 과거 특정부족만의 대표자가 이제는 연합 부족으로 구성된 토호국(Emirate)의 통치자로 명명된다.[50] 아랍에미리트를 구성하는 7개 토호국 통치자인 셰이크(Sheikh)들은 자신들의 권위와 직결된 자원의 자주성과 군대의 독립성을 중시한다. 때문에 자원에 대해 규정하고 있는 헌법조항[51]을 연방에 유리하게 하려는 개정이 번번이 좌절되었고, 1976년에 연방 차원의 통합사령부가 창설되었음에도[52] 두바이가 20여 년간 자신의 군대를 해산하지 않다가 지난 1997년에 아부다비에 위치한 연방정부군 사령부에의 편입을 공식 선언함으로써 비로소 통합이 완료되었다.[53]

---

48) 위의 논문, 127쪽.

49) 장세원, 「아랍에미리트의 종교엘리트와 부족주의 관계 연구」, 『한국중동학회논총』, 제28-1호, 2007, 60-64쪽.

50) 장세원, 「아랍에미리트의 군사엘리트와 부족주의 관계 연구」, 『중동연구』, 제28권 2호, 2009, 67쪽.

51) 헌법 제23조: 각 토호국의 자원과 부는 해당 토호국의 공공재산으로 간주된다. 사회는 국가경제의 이익을 위해 자원과 부의 보호와 적절한 개발에 책임을 진다.

52) 토호국이 독자적 군대를 가진다는 헌법 제142조의 규정이 헌법에서 폐지되었다.

53) 장세원, 앞의 논문, 67쪽.

(2) 연방헌법

1971년 임시헌법에 따라 독립주권연방국으로 아랍에미리트가 탄생하였고, 1972년 2월 10일 Ras al-Khaimah가 연방에 가입함으로써 7개의 토호국[54) 연합이 완성되었다. 임시헌법의 효력은 5년간이었지만 1976년 헌법개정을 통해 연장된 뒤, 1996년 헌법개정에 따라 연방최고위원회(the Federal Supreme Council)에 의해 영구헌법으로 승인되었다.[55)

헌법전문과 제1편 연방의 근본토대와 목적(The Union, its fundamental constituents and aims), 제2편 연방의 사회 경제적 토대(The Fundamental Social and Economic Basis of the Union), 제3편 자유, 권리, 의무(Freedom, Rights and Public Duties), 제4편 연방의 통치기구(The Union Authorities), 제5편 연방법령과 입법관할권(Union Legislation and Decrees and Authorities Having Jurisdiction Therein),[56) 제6편 토호국(The Emirates), 제7편 연방과 토호국 간의 입법, 행정, 외교 관할권의 분배(Distribution of Legislative, Executive and International Jurisdictions between The Union and the Emirates), 제8편 연방재정(Financial Affairs of the Union), 제9편 군대와 정보기관(Armed Forces and Security Forces), 제10편 관련규정과

---

54) Abu Dhabi, Dubai, Sharjah, Ajman, Umm Al Quwain, Fujairah, Ras Al Khaimah

55) 헌법의 주요 개정 내용을 살펴보면 다음과 같다. 1972년에 새로 가입한 Ras al-Khaimah의 연방평의회(the Federal National Council)에서의 의석수 배분을 위한 제68조의 개정, 1976년 연방통합사령부 설치에 따른 토호국 자체 군대의 설치를 가능케 하였던 제142조의 폐지, 동년 임시헌법의 효력기간을 정했던 제144조 제1항의 내용에 대해 다시 5년을 연장하는 개정(이후 동 조항의 기간을 헌법개정 형식으로 86년과 91년에 다시 재연장함), 1996년 헌법개정서를 통해 임시헌법의 "임시"라는 문구를 삭제하면서 연방의 수도를 아부다비로 정하는 헌법개정, 2004년 연방의 입법전속권의 관할을 명시한 제121조의 헌법개정.

56) 우리나라에서는 "통상적으로 최상위법인 헌법과 국회를 통과하는 '법률'과 행정부가 발하는 '행정명령'(대통령령, 총리령, 부령)의 단계로 법체계의 위계질서를 분류한다. 즉 헌법 – 법률 – 명령의 순으로 법체계의 위계질서를 구성한다." 박규환, 「GCC 국가 헌법 통치구조의 비교법적 고찰」, 『중동문제연구』, 제10권 1호, 2010, 47쪽 각주 20번.

경과규정(Final and Transitional Provisions)으로 구성되었으며 총 152개 조문으로 구성되어 있다.[57]

제1편 제1조는 7개 토호국이 연합한 아랍에미리트가 독립한 주권을 가진 연방국가(federal state)임을 천명하면서 다른 아랍국이 이 연방에 가입하고자 할 때에는 연방최고회의의 만장일치로 결정함을, 제2조에서는 헌법이 연방에 부여한 권한범위 내에서 모든 영토 내의 주권과 용수(territorial waters)권을 행사함을, 제3조에서는 토호국들이 헌법이 연방에 부여한 권한과 충돌하지 않는 한 자신의 영토 내에서 주권과 용수권을 행사함을, 제4조에서는 연방이 영토나 용수권을 양도하거나 포기하지 못함을, 제5조는 연방이 국기, 국장, 국가(國歌)를 가지지만 토호국은 자신의 영토에서 법에 따른 국기와 상징을 사용할 수 있음을 규정하고 있다.

제6조에서는 연방이 종교, 언어, 역사, 동일운명을 가진 아랍국(The Great Arab Nation)의 한 부분임과 연방의 국민이 하나이고 아랍국(the Arab Nation)의 일원임을, 제7조는 국교가 이슬람이고 샤리아가 입법의 원천이며 아랍어가 국어임을, 제8조는 연방의 국민이 국적법에 따라 하나의 국적을 가짐과 관련사항이 법에 의해 규율됨을, 제9조는 연방의 수도에 관해,[58] 제10조는 주권과 독립의 수호에 대한 연방의 책임과 헌법의 틀 안에서 허용된 내부문제에 대해 토호국 상호간이 다른 토호국의 주권과 독립을 존중하여야 함을 규정하고 있다.

제11조 제1항은 연방이 경제 관세 공동체임(entity)과 그러한 공동

---

57) http://www.uaecabinet.ae/English/UAEGovernment/Pages/constitution_1_1.aspx(검색일: 2012년 5월12일)

58) 아부다비와 두바이 접경지대에 Al Karama라는 이름의 수도를 7년 안에 건설하기로 하고 수도가 건설되기까지는 아부다비가 임시수도가 된다고 규정하였다. 1996년 헌법개정을 통해 연방의 수도는 아부다비로 결정되었다.

체가 연방법으로 규정됨을, 제2항은 연방법에 의하지 않고는 자본과 상품의 토호국 사이의 자유로운 이동을 제한할 수 없음을, 제3항은 상품이동에 따라 부과되는 세금, 관세, 통행료가 폐지됨을 규정하고 있다.

제12조는 외교정책이 아랍 이슬람주의를 지지하는 방향으로 지향됨과 UN의 기본원칙과 보편적 국제기준에 상응하는 국가와의 평화적 공조와 협력을 규정하고 있다.

제2편 제13조는 연방과 토호국이 2편의 규정을 집행함에 있어 서로의 권한범위 내에서 협력해야 함을, 제14조는 평등과 사회정의, 안전, 기회의 균등은 사회의 기둥이며 상호 간의 협력과 성숙한 이해가 이러한 것을 공고히 함을, 제15조는 도덕, 종교, 윤리, 애국을 토대로 한 가족이 사회의 기초이며 이러한 가족을 법에 의해 보호하고 타락에서 보호함을, 제16조는 모성과 아동, 소수자, 실업자, 노인, 장애인에 대한 복지정책 수립을 규정하고 있다.

제17조는 교육이 사회진보의 기초임과 의무교육과 무상교육, 문맹타파에 대해, 제18조는 사립학교 설립과 운영에 대해, 제19조는 의료체계에 대해, 제20조는 근로의 권리에 대해, 제21조는 재산권에 대해, 제22조는 공공재산에 대해, 제23조는 각 토호국의 자원과 부가 당해 토호국의 공공재산임과 국가 경제를 위해 사회가 적절한 보호와 개발을 해야 함을, 제24조는 국가경제의 기초가 사회정의이고 민관협력에 의해 이를 공고히 하고 경제개발과 생산의 증가를 통해 국민의 삶의 표준을 증진해야 함을 규정하고 있다.

제3편에서는 국민의 자유, 권리, 의무를 규정하고 있다.

제4편은 통치기구를 제1장 연방최고회의(The Supreme Council of the

Union), 제2장 연방대통령과 부통령(The President of the Union and his Deputy), 제3장 연방각료회의(The Council of Ministers of the Union), 제4장 연방평의회(The Federal National Council), 제5장 연방과 토호국의 사법부(The Judiciary in the Federation and Emirates)로 세분하여 규정하고 있다.

제1장 제46조에서 연방최고회의가 연방의 최고권력기구임과 연방을 구성하는 7개 토호국 통치자로 구성됨을, 제47조는 관할권을,[59] 제48조는 규칙제정권과 사무총장과 직원으로 구성되는 사무국 설립을, 제49조는 아부다비와 두바이 통치권자의 표를 포함하는 5인 이상의 찬성으로 결정되는 의결정족수를, 제50조는 회의개최장소가 원칙적으로 수도여야 함을 정하고 있다.

제2장 제51조는 연방최고회의 위원 중 대통령과 부통령을 선출하고 대통령의 궐위 시 부통령이 권한을 대행함을, 제52조는 양자의 임기가 연임 가능한 5년임과 직무수행 전 연방최고회의에서 하여야 하는 선서의 내용을,[60] 제53조는 대통령과 부통령의 사망, 사임, 통치자의 지위상실이 여타의 이유로 인해 발생한 경우 1개월 안에 후임선출을 위한 연방최고회의를 소집하여야 함과 양자가 동시에 모두 궐위된 경우 연방최고위원회 위원이나 연방각료회의의 의장의 요구에 의해 후임 선출을 위한 연방최고위원회가 즉시 소집되어야

---

59) ① 연방의 목표 실현과 각 토호국의 공통 관심사에 대한 일반정책의 수립, ② 연방법안공포 전의 승인, ③ 헌법에 의해 연방최고회의의 비준이나 동의를 요하는 사안과 관련된 법령(decrees)에 관한 연방대통령의 공포 전 승인, ④ 조약과 국제협약의 비준, ⑤ 연방각료회의 의장 임명, 사임의 수리 그리고 연방대통령의 제의에 의한 해임의 수리, ⑥ 연방최고법원의 장과 판사의 임명, 사임의 수리 그리고 법령에 의한 해임의 수리, ⑦ 연방 일반사안에 대한 최종통제, ⑧ 헌법이나 연방법에 규정된 중요한 다른 사안에 관한 문제
60) 알라의 이름으로 연방에 충실하며, 헌법과 법을 준수하며, 연방국민의 이익을 위하며, 책무를 성실히 수행하며, 연방의 수호와 영토의 보전을 위함을 선서한다.

함을, 제54조는 대통령의 권한61)을 규정하고 있다.

제3장 제55조는 연방각료회의가 총리, 부총리, 장관들로 구성됨을, 제56조는 장관이 연방국민 중에서 임명됨을, 제57조는 총리, 부총리, 장관들이 대통령선서의 내용에 준하는 선서를 함을, 제58조는 각부장관의 관할권을,62) 제59조는 총리가 각료회의를 주재함과 각료의 업무와 연방 행정기구를 감독함을 그리고 부총리가 총리의 궐위, 유고 시 직무를 대행함을, 제60조는 연방의 행정권을 행사하는 각료회의는 연방대통령과 연방최고회의의 최종감독하에 있음과 그의 관할권을 규정하고 있다.

제61조는 각료회의의 비공개와 과반수로 결정되는 의결정족수를 (동수인 경우 총리의 표에 따른다), 제62조는 총리, 부총리, 장관의 겸직금지의무를, 제63조는 각료회의 장관들이 연방의 이익을 위해서만 존재함을, 제64조는 총리와 장관들이 연방대통령과 연방최고회의에 대해 연대책임을 짐과 총리의 사임이나 사망 등 어떠한 이유에 의한 궐위나 유고 시 전체 내각이 사임함을(이 경우 연방대통령은 장관들에게 새 내각이 구성될 때까지 업무를 수행할 것을 요구할 수 있다), 제65조는 매 회기년도 시작에 각료회의는 대통령과 연방최고회의에

---

61) ① 연방최고위원회 회의 참석과 주재, ② 연방최고위원회 회의 소집(연방 최고위원회 위원의 요구가 있을 시 반드시 회의를 소집하여야만 한다) 그리고 종료, ③ 필요한 경우 연방각료회의와 연석회의를 소집, ④ 연방최고위원회가 승인한 법률(laws), 법령(decrees), 결정(decisions)에의 서명, ⑤ 총리의 임명, 사임의 수리, 연방최고위원회의 동의를 거친 해임의 수리, ⑥ 해외대사의 임명과 연방최고법원장과 판사 임명을 제외한 고급연방관료의 임명(군인사 포함) 그리고 이들의 사임과 연방각료회의의 동의를 거친 해임의 수리(임명, 사임, 해임은 법령과 연방법에 따른다), ⑦ 외교사절의 신임과 접수에 대한 서명, ⑧ 연방법, 법령, 연방각료회의와 장관의 결정 집행에 있어서의 감독, ⑨ 다른 국가와 국제관계에 있어서의 대표성, ⑩ 헌법과 연방법에 따른 사면권과 감형권 행사와 벌금형 승인, ⑪ 관련법에 따른 훈장 등의 수여, ⑫ 연방최고위원회에서 부여하거나 헌법과 연방법에서 부여한 권한

62) 외교, 내무, 국방, 재정·경제·산업, 사법, 교육, 보건, 공공산업과 농업, 통신·체신·전신·전화, 노동과 사회, 정보, 계획의 12개 부처로 건국헌법에 따라 구성된다.

업무보고를 함을, 제66조는 각료회의의 규칙제정권과 사무총장과 직원을 두는 사무국을 설립함을, 제67조는 총리와 부총리, 장관들의 보수가 법에 규정되어야 함을 규정하고 있다.

제4장 제1부(일반규정) 제68조는 연방평의회(토호국의 영향력에 비례하여 배분되는)의 구성이 40인으로 됨을, 제69조는 각 토호국이 할당된 의석의 의원을 각자의 방법에 따라서 선출함을, 제70조는 의원피선자격을,[63] 제71조는 의원의 공직겸직금지를, 제72조는 재선 가능한 임기 2년을, 제73조는 선서의 내용을, 제74조는 보궐선거를, 제75조는 회기 회의는 수도에서 개최됨이 원칙이나 과반수의 동의와 각료회의의 승인이 있다면 다른 곳에서도 가능함을, 제76조는 5인의 제안과 과반수의 찬성으로 의원자격을 심사할 수 있고 사임을 수리할 권한이 있음을, 제77조는 연방평의회의 의원은 연방의 전체 국민과 소속 토호국만을 대표함을 규정하고 있다.

제4장 제2부(연방평의회 조직) 제78조부터 제80조까지는 연방평의회의 회기와 대통령과의 관계에 대해, 제81조와 제82조는 각각 면책특권과 불체포특권에 대해, 제83조는 의장과 의원에 대한 보수와 여행경비에 대해, 제84조는 연방평의회 의장단이 연방평의원 중에서 선출되는 의장(president)과 2인의 부의장, 2인의 고문(controller)으로 구성됨과 그 임기와 회기업무를, 제85조는 의회사무국 구성과 운영규칙(standing orders)에 대해, 제86조는 회기공개원칙에 대해,[64] 제87조는 일반적으로 재적의원 과반수 출석으로 의사정족수가 충족되고 출석의원의 과반수가 찬성함으로 의결정족수가 충족됨을(동수인 경

---

63) 25세 이상의 토호국 영구거주자이며 적합한 아랍어 능력과 평판 등.
64) 정부대표의 요구나 의장, 재적의원 1/3 이상의 요구로 비공개로 할 수 있다.

우 의장의 표에 따른다), 제88조는 휴회의 요건과 연방최고회의의 승인을 거쳐 연방대통령이 법령으로 의회를 해산할 수 있음을 규정하고 있다.

제4장 제3부(연방평의회의 권한) 제89조는 헌법 제110조와 상충되지 않는 범위에서 재정을 수반하는 법안을 포함한 연방법안이 연방대통령과 비준을 위한 연방최고회의에 제출되기 전에 연방평의회에 제출되어야 하고 평의회는 이를 검토하여 통과, 개정, 폐기함을, 제90조는 정기회 때 제8장에 따른 연간 세입세출안 심사를, 제91조부터 제93조는 총리와 부총리, 장관과의 관계에 있어서 관할권에 속하는 내용의 현황보고, 출석 및 답변요구, 권고의 효력에 대한 내용을 규정하고 있다.

제5장 제94조는 법의 지배와 판사의 독립에 대해, 제95조는 연방최고법원과 연방법원을 설립함을, 제96조는 연방최고법원이 연방최고회의의 승인 후에 연방대통령령으로 임명되는 최고법원장과 판사를 포함하여 5인 이하로 구성됨을, 제97조는 최고법원장의 신분보장에 대해, 제98조는 선서에 대해, 제99조는 연방최고법원 관할권에 대해,[65] 제100조는 연방최고법원의 위치가 원칙적으로 수도에 있어야 함을, 제101조는 연방최고법원 판결의 기속력을, 제102조는 하나 혹은 다수의 연방법원의 설치가 연방의 영구수도나 토호국의 수도에 설치됨과 그 관할권을, 제103조는 연방법원의 조직, 운영, 관할

---

65) ① 토호국 사이, 연방정부와 토호국 사이의 분쟁, ② 연방법의 합헌성 판단, ③ 토호국 법의 합헌성 판단과 연방법에의 합치, ④ 연방 내 법원의 제청에 의한 위헌법률심판, 기타 규정의 위헌성 판단, ⑤ 헌법규정의 해석, ⑥ 장관과 법령에 의해 임명된 고위관료의 직무 관련 질의, ⑦ 연방의 법익(예: 국가안보, 공문서 위조, 화폐 위조)을 직접적으로 침해한 범죄, ⑧ 연방사법기관과 토호국사법기관 사이의 권한쟁의, ⑨ 토호국 사법기관 사이의 권한쟁의, ⑩ 헌법이나 연방법에 규정된 사안.

등에 관한 사항이 법으로 규정됨을 규정하고 있다.

제104조는 각 토호국의 사법부가 헌법에서 연방사법관할로 지정하지 않은 모든 문제에 대해 관할권을 가짐을, 제105조는 제104조의 규정에도 불구하고 토호국의 요구가 있는 경우에는 연방법원으로 관할이전이 될 수 있음과 민사·형사·상사·기타소송에 있어서 토호국 사법부의 결정에 대해 불복하는 경우 연방법에 따라 연방법원에 상소할 수 있음과 이런 경우 상소가 최종심이 됨을 규정하고 있다.

제106조는 각료회의의 승인을 거친 연방법령에 의해 임명되는 검사와 검찰조직에 관해, 제107조는 연방대통령의 사면권과 각료회의에 의해 선출되며 과반수로 결정되는 재선 가능한 임기 3년의 사면위원회(장관인 의장과 선출된 6인으로 구성)를, 제108조는 연방사법부가 사형선고를 한 경우 연방대통령이 가지는 집행승인권과 감형권에 대해, 제109조는 일반사면의 경우 법으로 시행되어야 함을 규정한다.

제5편은 제1장 연방법(Union Laws), 제2장 긴급명령(Laws Issued by Decrees), 제3장 행정명령(Ordinary Decrees)으로 구성된다.

연방법률 제정절차는 제110조에 따라 각료회의가 그 법안을 연방평의회의 자문과 연방대통령의 승인을 위해 각각에게 제출하고 연방최고회의의 비준을 얻기 위해 연방최고위원회에서 보고를 한다. 비준 후 연방대통령은 법안을 공포한다.

제113조에 따르면 연방최고회의의 휴회기 동안 긴급히 연방법을 공포할 필요가 있는 경우 연방대통령은 각료회의와 함께 법률의 효력을 가지는 법령(decree)의 형식으로 공포할 수 있다. 이 경우 헌법

에 배치되어서는 안 되며, 법령은 1주일 이내에 연방최고회의에 보고되어 동의나 기각이 결정되게 된다. 동의를 받은 경우 법률로 확정되고 연방평의회의 다음 회기에 보고된다. 기각이 된 경우 위 기간 동안 승인(sanction)이 결정되지 않거나 수정승인되지 않는 한 법률로서의 효력이 정지된다.

제114조에 의하면 행정명령의 경우 각료회의의 승인과 관할권을 가지는 연방대통령이나 연방최고회의의 비준을 거쳐 발효된다. 제115조는 외교, 계엄, 전쟁, 연방대법원장의 임명을 제외하고는 연방최고회의가 휴회 중인 경우 동기관의 비준권한 내에서 연방대통령과 각료회의가 행정명령을 공포하게 하고 있다.

제6편 제116조는 토호국이 헌법에 의해 연방의 권한으로 부여되지 않은 모든 권한을 행사하며 연방설립의 당사자임과 연방의 존재, 역무, 보호로부터의 이익을 공유한다고 하고 있으며, 제117조는 토호국의 권력행사가 자국 내 안전과 질서유지, 국민을 위한 공공지원, 사회 경제적 삶의 향상을 목적으로 정향되어야 함을, 제118조는 토호국들이 다양한 영역의 입법에 있어서 가능한 최대의 입법통일성을 유지하도록 하여야 함과 연방최고회의의 승인을 얻어 둘 이상의 토호국이 정치나 행정기관의 통합기구를 설치할 수 있게 하고 있다.

제7편 연방과 토호국 간의 입법, 행정, 외교 관할권의 분배 (Distribution of Legislative, Executive and International Jurisdictions between the Union and the Emirates)는 특히 연방제도의 분석과 관련하여 중요한 내용을 담고 있다. 제120조는 연방의 독점입법권과 행정권에 대해 자세히 규정하고 있는데 그 내용은 다음과 같다: ① 외교, ② 국방과 연방군대, ③ 내외 안보, ④ 영구 연방수도의 통치와 안전

에 관한 문제, ⑤ 연방공무원과 연방판사에 관한 사항, ⑥ 연방의 재정, 세금, 관세, 수수료, ⑦ 연방국공채, ⑧ 우편, 전신, 전화, 무선 업무, ⑨ 연방최고회의가 결정한 연방 기간도로의 건설, 유지, 개선과 이를 위한 기관, ⑩ 항공교통, 항공기와 조종사 면허, ⑪ 교육, ⑫ 보건과 의료, ⑬ 통화위원회와 화폐, ⑭ 국가도량표준, ⑮ 전기, ⑯ 국적, 여권, 거주, 이민, ⑰ 연방재산과 그에 관련된 모든 사항, ⑱ 연방목적과 연관된 인구조사와 통계, ⑲ 연방정보

제121조도 연방의 독점입법권에 대해 규정하고 있는데 노동과 사회안전, 부동산과 공공수용, 범죄인 인도, 은행, 보험, 농업과 동물의 보호, 형사 · 민사 · 상사 · 회사에 관한 주요 법률과 민 · 형사법원의 소송절차, 문화보호, 기술 · 산업 재산과 저작권, 인쇄와 출판, 토호국의 군대와 안보부가 사용하는 것을 제외한 무기와 군수품의 수입, 관할 영해 밖의 항공 사안이 그것이다.

제122조는 각 토호국이 제120조와 제121조에 규정되지 않은 모든 사항에 대해 관할권을 갖는다고 규정하고 있고, 제123조는 제120조 제1호에서 규정한 연방의 외교관할권의 예외로 연방의 이익이나 연방법에 저촉되지 않고 연방최고회의에 미리 고지한 경우 토호국이 당사자 협정을 체결할 수 있도록 하고 있다. 이 경우 연방최고회의가 그러한 협정에 반대하는 경우 연방법원의 판결이 있을 때까지 사안이 정지된다. 또 토호국은 OPEC이나 아랍석유수출국의 회원직을 유지할 수 있고 가입할 수도 있다.

제124조는 토호국의 위상에 영향을 미치는 국제조약이나 협정의 체결 전에 관련 부서는 미리 당해 토호국과 상의하도록 하고 있으며 이견이 있는 경우 사안이 연방최고법원에 이송되도록 하고 있다.

제125조는 토호국의 정부는 공포된 연방법과 연방에 의해 체결된 조약 및 협정의 적절한 시행과 이를 위한 토호국법과 규정의 제정, 필요한 결정과 집행을 하여야 한다. 연방부서는 연방법과 결정의 시행을 감독(supervise)하며, 토호국의 조약들, 행정기관과 사법기관은 이를 위해 가능한 모든 원조를 하여야 한다.

제8편 제127조는 연방의 재정지출을 충당하기 위해 예산법에 따라 각 토호국 연간세입의 일정부분을 부담하게 하고 있다. 제132조는 연방은 자신의 연간예산을 토호국의 긴급한 사회복지에 관한 사안에 배정할 수 있도록 하고 있다.

제9편 제137조는 토호국에 대한 침략은 연방에 대한 침략으로 간주되며 이 경우 연방군과 토호국군이 연합하여 대응함을, 제138조는 육·해·공의 연방군대 유지와 통합 훈련과 지휘를 규정하며 총사령관과 참모총장은 연방법령에 의해 임명되고 해임됨을, 연방보안군을 창설할 수 있음을, 각료회의가 관련문제에 대해 연방대통령과 연방최고회의에 직접적인 책임을 짐을 규정하고 있다.

제140조는 방어전쟁만을 선포할 수 있게 하고 있고, 제141조는 연방대통령이 의장이 되는 최고군사위원회(Supreme Defence Council)의 구성과 직무에 관해 규정한다. 제142조는 각 토호국이 군대를 가질 수 있음을 규정하고 있었으나 1976년의 헌법개정으로 폐지되어 연방만이 군대를 가질 수 있게 되었다. 제143조에서는 자국 내의 안전 유지를 위해 각 토호국이 연방군대나 연방보안군의 원조를 요청할 수 있게 하였고, 이 경우 원조 여부 결정을 위해 연방최고위원회에 즉시 회부됨을 규정하고 있다.

제10편 제145조는 계엄법에 정한 경우 외에는 헌법의 효력이 정

지되는 경우가 없음과 계엄의 경우 연방평의회의 회기가 중지되지 않음과 면책특권이 허용됨을 규정하고 있다. 제151조는 연방헌법이 각 토호국 헌법에 대해 우위를 가지고 있음과 연방헌법에 의해 발효된 연방법이 토호국 기관에 의해 발행된 법령과 결정에 우선함을 규정하고 있다. 하위입법기관의 부분이 상위입법기관과 충돌되면 당해 부분은 무효이며 제거되게 된다. 이견의 경우에는 사안이 연방최고법원에 이송된다.

아랍에미리트연방의 사법제도[66]는 연방 차원과 토호국 차원의 민사법원 구조로 되어 있다. 토호국의 민사법원이 연방의 민사법원판단에 종속되어 있음에도 불구하고 여전히 샤리아법원체계는 각 토호국 내에서 그 기능을 수행하고 있다.

연방법원은 하급법원, 항소법원, 최고법원의 구조로 되어 있지만 이는 연방헌법에 의한 것이 아니다. 연방헌법은 연방최고법원에 대한 규정만 가지고 있다.

토호국의 사법제도는 매우 전통적 형태를 가지고 있다. 통상 샤리아법원과 왕립법원(ruler's court)으로 구성되며, 샤리아법원의 관할권은 사우디의 그것과 매우 유사하다. 왕립법원은 전통적으로 왕의 권한에 사법부의 역할이 포함된 것으로 보는 시각에 기인해 운영된다. 그러나 법원의 기능은 전문법관과 성문법에 따라 운영되도록 상당한 정도로 변화되었다.

연방사법부의 창설로 두바이와 라스 알 카이마(Ras al-Khayma)의 두 토호국을 제외하고는 민사, 형사, 행정사건에 대한 관할권을 연

---

66) Ahmed Abdelkareem Saif, Arab Gulf Judicial Structures, Gulf Research Center, 2004, p.47f.

방에 이양하였다. 물론 샤리아법원의 기능은 앞서 언급한 바와 같이 연방 내 전 토호국에서 그 전통적 권한을 행사하고 있다.

신분법과 관련된 실정법이 없는 경우 샤리아법이 적용되고 있기 때문에 토호국 샤리아법원의 관할권이 쟁점이 되는 경우가 있다. 연방민사법원과 샤리아법원의 관할권이 중첩되는 경우가 발생하는데 이에 대한 명확한 입법은 없다(아부다비의 경우만 부분적으로 관할권에 관한 입법이 있을 뿐이다). 하지만 명확한 관할권 입법이 없는 경우 민사법원 판사들이 샤리아법원의 결정에 기대는 경우가 종종 나타난다. 이는 법관의 권한에 대한 연방입법이 샤리아법을 그 법원으로 하기에 그렇다. 때문에 양 관할권의 잠재적 갈등은 늘 내재하고 있는 것이다.

7) 요르단

요르단 헌법(1952년 1월 1일)은 제9편 131개 조문으로 구성되어 있다.

제1편 국가와 통치구조(The State and System of Government), 제2편 국민의 권리와 의무(Rights and Duties of Jordanians), 제3편 통치권력: 총칙(Powers: General Provisions), 제4편 행정부(The Executive Power), 제5편 입법부(The Legislative Power, The National Assembly), 제6편 사법부(The Judiciary), 제7편 재정(Financial Matters), 제8편 일반규정(General Provisions), 제9편 법규의 시행과 폐지(Enforcement and Repeal of Laws)로 편제되었다.

제4편은 다시 제1관 국왕과 특권(The King and His Prerogatives), 제2

관 장관(Ministers)으로, 제5편은 제1관 상원(The Senate), 제2관 하원(The Chamber of Deputies), 제3관 양원의 기능(Provisions Governing Both Houses)으로 구성된다.

제1편 제1조는 요르단왕국이 독립한 아랍(Arab State) 주권국임과 양도나 분할될 수 없음을 밝히면서 통치구조가 세습군주제를 채택한 의회국임을 명시하고 있다. 제2조는 이슬람이 국교이며 아랍어가 공식 언어임을 규정하고 있고, 제3조에서는 암만이 왕국의 수도이나 특별법에 의하는 경우 다른 도시를 수도로 할 수 있도록 하고 있다. 제4조에서는 국기의 형태에 관해 자세히 규정하고 있다.

제2편 제5조는 국적에 관해, 제6조는 평등권을, 제7조는 자유권, 제8조는 신체의 자유, 제9조는 거주이전의 자유, 제10조는 주거의 자유, 제11조는 재산권, 제12조는 대출의 강제금지와 재산의 몰수금지원칙을 규정하고 있다. 제13조는 강제노동의 금지와 강제동원이 허용되는 경우(전시, 천재지변 등) 그리고 수형자의 강제노역에 관해, 제14조는 공공질서와 도덕에 반하지 않는 한 국가의 감독하에 관습에 따라 종교의식을 보장해야 할 국가의 책임에 관해 규정하고 있다.

제15조는 법에 저촉되지 않는 범위 내에서의 표현의 자유(1항)와 언론출판의 자유보장(2, 3항), 계엄선포 시 언론출판에 대한 검열 등 특별한 조치(4항), 법에 근거한 취재원 통제(5항)에 대해 규정하고 있다.

제16조는 집회결사(정당설립포함)의 자유에 대해, 제17조는 행정참여에 대해, 제18조는 통신의 자유를, 제19조는 종교교육기관 설립에 관해, 제20조는 초등 무상의무교육에 관해, 제21조는 정치망명자

의 보호와 범죄인 인도에 대해, 제22조는 참정권에 대해, 제23조는 근로의 권리에 대해 규정하고 있다.

제3편 제24조는 국가(The Nation)가 권력의 원천임과(1항), 국가는 권력을 헌법이 정한 바에 의해 행사한다고 규정하고 있다. 제25조는 입법권이 양원으로 구성된 의회와 국왕에게 있음을 천명하고 있고, 제26조는 행정권은 헌법에 따라 장관들을 통해 국왕이 행사함을, 제 27조는 사법권이 법원조직법(the courts of law)에 따라 행사되며 모든 판결은 국왕의 이름으로 내려짐을 규정하고 있다.

제4편 제1관 제28조는 13개 항으로 구성되어 있는데 왕권이 Abdullah Ibn Al-Hussein왕조의 직계 남자 자손에게 계승됨을 규정하고 있다. 동조의 내용에서 왕위계승 순서와 자격조건(무슬림 부모 사이에 출생한 적자, 어머니가 정실부인, 무슬림 신앙, 건전한 정신)에 대해 매우 자세히 규정하고 있으며 왕의 권한 행사와 권한 대행에 대해서도 자세히 규정하고 있다. 국왕이 사망했으나 왕위 계승을 할 자손이 없는 경우 의회가 고 Hussein Ibn Ali왕의 후손 중에서 선출할 수 있도록 하고 있다.

제29조는 왕위 계승 시 의회에서 헌법준수와 국가수호의 선서를 하도록 하고 있으며, 제30조는 왕이 국가의 수반임을 규정하면서 법적 책임이나 여타의 책임에서 면책됨을 규정하고 있다. 제31조는 왕의 법률 비준권과 공포권에 대해 규정하면서 필요한 경우 직접 법률 제정권을 가짐을 명확히 하고 있다.

제32조는 왕이 군의 최고 통수권자임을, 제33조는 전쟁선포권자이며 조약과 협정의 비준권자임을 밝히면서(1항), 재정부담이나 국민의 공권이나 사권에 영향을 주는 조약이나 협정은 의회의 승인을

받도록 하고 있다(2항). 조약이나 협정에 명시적 내용 외의 비밀사항
이 포함될 수 없음을 규정하고 있는 것(2항)은 매우 특이하다.

　제34조는 왕이 의회에 대해 가지는 헌법상의 권한(하원선거, 개의,
휴회, 정회, 해산-양원을 해산할 수 있으며 상원의원의 경우 특정인
의 자격을 박탈할 수 있다: 1974년 개정)을, 제35조는 국무총리의
임명, 해임, 사의수리 권한과 장관의 임명권 그리고 국무총리의 제
청에 의한 해임, 사의수리 권한을 규정하고 있다.

　제36조는 상원의원의 지명권과 상원의장 임명권 그리고 상원의원
의 사의수리권을, 제37조 1항은 작위(civil and military ranks) 수여와
영전 수여권을, 2항은 화폐가 법에 따라 왕의 이름으로 발행됨을 규
정하고, 제38조는 일반·특별사면과 복권에 대한 내용을(일반사면은
법률에 의하도록 하고 있다), 제39조는 사형집행은 왕의 승인이 있
어야 하도록 하고 있으며 사형선고는 국무회의를 거치도록 규정하
고 있다.

　제40조는 왕이 칙령에 의해 권한행사를 하도록 하고 있으며 칙령
에는 국무총리와 장관 혹은 관련 장관들의 부서가 필요하도록 하고
있다(왕의 서명은 각료의 서명에 동의를 표현한 것으로 본다).

　제2관 제41조부터 제61조까지는 국무총리와 장관에 대해 규정하
고 있다. 제41조는 국무총리가 의장이 되는 국무회의에 대해, 제42
조는 장관은 요르단 국적을 가지고 있어야 함을, 제50조에서는 국무
총리가 사임하거나 해임되는 경우 내각이 연대책임을 지는 것을 규
정하고 있다.

　제51조에서는 내각이 하원에 연대책임을 지고 각부 장관은 하원
에 대해 해당 업무에 대해 책임을 지게 하고 있다. 제52조는 국무총

리나 장관이 하원이나 상원의 의원직을 겸직하는 경우 소속 원에서 투표를 할 수 있고, 양원에서 발언을 할 수 있게 하였다. 다만 양원에 의원직을 겸하지 않는 장관은 투표권 없이 양원에서 발언만을 할 수 있다.

제55조는 장관이 직무 관련 위법행위에 대해 조사위원회(The High Tribunal)에서 조사받을 수 있게 하고 있으며, 제56조는 하원에서 장관을 탄핵소추 하는 경우 재적 2/3 이상의 찬성이 있어야 함을, 그리고 조사위원회 조사 전까지의 절차를 진행할 의원을 지명하게 하고 있다.

제57조에서는 상원의장을 위원장으로 하며 8인의 위원(상원에서 무기명 투표로 선출된 3인의 상원의원과 최고시민법원 판사 중 연장자순으로 선출된 5인·필요한 경우 연장자 순에 따라 하급법원장으로 구성할 수 있다)으로 구성되는 조사위원회를, 제58조에서는 조사위원회가 형법전을 적용함을 원칙으로 하면서 예외적으로 특별법이 적용될 수 있음을 규정하고 있다.

제59조는 조사위원회 결정정족수를 6인 이상으로 하고 있다. 제61조에서는 하원에 의해 탄핵이 된 장관은 조사위원회의 결정이 있기까지 직무가 정지되게 하고 있으며, 그의 사임은 형사소추나 조사위원회 조사를 배제하지 않음을 명시하고 있다.

제5편 제62조에서 의회가 양원으로 구성됨을 규정하고 있고 제1관 상원은 제63조에서 제66조까지, 제2관 하원은 제67조에서 제74조까지, 제3관은 양원의 기능에 대해 제75조에서 제96조까지 규정하고 있다.

제63조에 의하면 상원의원 정수는 의장을 포함해서 하원의원 정수 과반을 넘지 못하게 하고 있고, 하원의원은 선거법에 의해 무기명, 비밀, 직접투표로 선출되도록 제67조에서 규정하고 있다.

제6편 제97조에서는 법관의 독립을, 제98조에서는 시민법원과 샤
리아법원의 판사는 법에 따른 왕의 칙령을 통해 임명되고 해임됨을
규정한다.

제99조는 법원 조직이 시민법원, 종교법원, 특별법원으로 구성됨
을 밝히고 있으며, 시민법원은 종교법원과 특별법원의 관할권에 속
하지 않는 민사, 형사, 행정 사건에 대한 관할권을 가진다(제102조).
제104조에서는 종교법원 조직이 샤리아법원과 기타 종교재판소로
나뉨을, 제106조에서는 샤리아법원이 샤리아법에 따라 문제를 처리
함을 규정하고 있다.

제7편 재정은 제111조에서 119조까지, 제8편 일반규정은 120조에
서 127조까지, 제9편 법규의 시행과 폐지는 제128조에서 제131조까
지 규정되어 있다.

8) 이집트

사회주의 민주국가(Socialist Democratic State)임을 천명하는 이집
트는 헌법전문에서 세계평화, 아랍국동맹, 지속개발, 이집트인의 존
엄과 자유를 강조하면서 아랍공화국(The Arab Republic of Egypt)임
을 명시하고 있다. 이집트 국민은 동시에 아랍국 구성원(part of the
Arab Nation)이 된다고 한다. 제2조가 헌법의 최고 규범성과 관련하
여 문제가 되는 규정인데 이슬람이 국교이며 주요한 입법의 근거로
서 샤리아를 명시하고 있다.[67]

---

67) "Islam is the Religion of the State..the principal source of legislation is Islamic Jurisprudence(Sharia)." M.
V. Pylee, Constitutions of the World, 3 Edi. vol. 1, New Delhi: Universal Law Publishing, 2006, 22장.

이집트 헌법(1980)은 전문, 제1장 국가, 제2장 사회와 도덕, 경제, 제3장 권리와 의무, 제4장 법치, 제5장 국가원수, 의회, 행정부, 사법부, 헌법재판소(The Supreme Constitutional Court), 검찰, 군대와 국방위원회, 경찰, 제6장 기타규정과 경과규정, 제7장 자문회의(Shurah Council), 언론으로 크게 구분되어 있고 총 211개 조항이 있다. 강력한 권한을 가진 대통령은 연임이 가능하며 국회가 지명하고 국민투표로 선출된다. 최고사법권은 최고헌법재판소에 부여된다.

역사적으로 중동에서 이집트의 정치·경제·사회·문화적 위상은 아시아에서의 중국의 위치와 견줄 수 있다. 때문에 전 중동의 국가 토대법률군에 지대한 영향을 미치는 이집트의 헌법과 헌법재판제도 그리고 판례에 대해 다음에서 상세히 살펴보겠다.

제6장 이집트의 국가토대법률군과 그 기본원리들*

I. 헌법

1. 정의

이집트 법률가들은 헌법을 국가 내 정부의 각 권력기관의 구조, 그 절대권한, 각각의 권한범위(competence)를 심사하는 법의 근간이라고 본다. 헌법은 또한 공공의 이익, 자유, 개인이 그와 같은 권리를 실행할 수 있도록 보장하는 것으로 정의되기도 한다. 헌법의 본

---

* 제6장의 내용은 KLUWER LAW INTERNATIONAL (LONDON/THE HAGUE/NEW YORK)에서 2002년 발간된 ARAB AND ISLAMIC LAWS SERIES Volume 22 (Series General Editor Dr. Mark S. W. Hoyle), Egypt and Its Laws (Edited by Dr. Nathalie Bernard-Maugiron, Dr. Baudouin Dupret, Assistant Editor Wael Rady)의 315-344쪽에 실린 A. Sherif의 논문 중 일부를 번역한 「이집트헌법과 헌법소송」, 『영산법률논총』, 제7권 제1호, 2010, 157-188쪽의 내용이 일부 수정 반영되었다; 'Ⅲ. 판례'에서는 다른 문헌의 자료를 추가 반영하였다.

질은 한 국가의 헌법과 같이 헌법적 실재(instrument)로 드러난다.

헌법적 실재, 즉 헌법은 성문헌법이나 관습헌법이다. 성문헌법은 다양하고 복잡한 개정절차가 아니고서는 그 조항을 수정할 수 없다는 점에서 엄격하다. 하지만 헌법개정을 위한 절차가 다른 일반 입법에 적용되는 것과 비슷할 경우 성문 헌법은 유연할 수도 있다.

헌법은 국정을 운영하는 데 있어 대중의 참여를 허용한다는 점에서 민주적이다. 반면에 의사결정 과정에서 공공의 참여를 배제하고 하나의 권력에 모든 권력이 집중된다는 점에서 전체주의적이다. 헌법이 성문법이든 관습법이든, 엄격하든 유연하든, 민주적이든 전체주의적이든 헌법은 항상 개인의 자유와 권리, 정부의 권력과 그 범위, 정부의 체계를 연구하는 학문으로서 법의 한 분야이다.

2. 역사적 배경과 부수적인 주제

1) 역사적 배경

1923년 헌법을 공포(promulgation)할 때까지 하나의 독립된 법으로서의 헌법은 이집트 법대에서 가르쳐지지 않았고 행정법의 한 갈래로 가르쳐졌다. 그러나 1923년 헌법이 공포되자 헌법은 하나의 독립된 과목이 되었고, '헌법과 정치구조'라는 과목으로 법대 1학년생들에게 가르쳐졌다.

이집트는 1923년 4월 29일 이집트 첫 헌법 공포 후 '헌법'이라는 단어를 쓰게 되었다. 무함마드 알리의 집권기 이래로 정부의 조직을 다루는 법으로서 정부조직법(organic laws)들이 있었다. 이 법들은

1824년 1월 27일 대법원 설립에 관한 명령(order), 1833년 대법원 조직에 관한 칙령(edict), 그리고 1837년 정치에 관한 칙령들을 포함하고 있다. Khedive Ismail 집권 시인 1866년 10월 22일에는 대의원 자문위원회의 조직에 관한 규정(Rule)이 제정되었다. Khedive Tewfiq 집권 시인 1883년 5월 1일에는 정부조직법이 제정되었다. Khedive Abbas Helmy가 집권했던 1912년 4월 26일에는 각부장관들에게 질의할 수 있는 사법고문위원회(Legal Consultative Council)의 구성원에 관한 법률 제7호가 제정되었다.

Fouad왕 집권기인 1923년에는 헌법이 채택(adopte)되었고 1930년 헌법이 공포(promulgate)되던 1930년 10월 22일까지 존재(remained)하였다. 1930년 헌법은 시행이 보류된 1923년 헌법으로 대체될 때까지 국민들이 반대했던 전체주의적 경향을 택했다. 이 헌법은 1934년 왕실법(Royal Decree) 제97호와 1935년 왕실법 제118호의 영향을 받았다. 1923년 헌법은 1952년 6월 23일 혁명 때까지 시행되었다. 1952년 12월 10일에 1923년 헌법을 폐지하고 헌법적 조치(constitutional declaration)를 하였다. 한 달 후인 1953년 1월 17일 국민들을 위한다는 명분으로 모든 정당을 해산하고 그 재산을 몰수하는 또 다른 헌법적 조치를 하였다. 1953년 2월 10일에는 과도기 정부의 법규를 공포하였다. 1953년 6월 18일 혁명위원회는 왕정을 폐지하고 공화제 형태의 정부를 세우는 헌법적 조치를 하였다.

1956년 헌법은 1956년 1월 16일에 공포되었다. 1958년 이집트와 시리아의 정치적 통합에 따라 새로운 정부를 위한 새로운 헌법이 채택되었다. 1962년 9월 27일 시리아가 분리된 이후 정부의 최고 권력기관에 대한 헌법적 선언이 채택되었다. 1964년 마침내 새 헌법이 공포되어 1971년 9월 11일 현재의 헌법이 공포될 때까지 시행되었고, 1980년 5월 22일 개정되었다.

2) 헌법의 부차적 문제

헌법은 정부의 조직을 구성하고 그 정부가 단일 정부인지 혹은 복합적인 연방정부인지를 확정한다. 연방정부인 경우 헌법은 국가를 구성하는 각 주 혹은 지방과의 관계, 상호 명령의 한계와 범위에 대하여 규정한다. 헌법은 또한 그 정부가 왕정인지 공화정인지를 보여준다. 왕정의 경우 헌법은 왕과 여왕의 지위에 대해 정의하고 그들이 국가에 절대 권력을 가지는지, 혹은 국가운영에만 참여하는지를 정의한다. 공화제의 경우 헌법은 대통령제인지 수상제인지를 정의한다. 대통령제에서 장관들은 공화국의 대통령을 보좌하는 역할을 한다. (국회에 출석하여 답변을 하는) 반면, 의원내각제에서 내각은 행정권을 행사하고 의회 앞에서 직접적으로 책임을 진다. 1956년 이집트 헌법의 경우처럼 헌법은 대통령제 혹은 내각제의 요소를 포함하는 복합적 구조를 가질 수도 있다.

헌법은 정치제도의 이론적 토대와 모든 권력이 한 개인에게 집중되는지 혹은 한 정당에 집중되는지에 따라 민주제인지 전체주의 정치제제인지를 규정한다. 민주제인 경우 헌법은 직접 민주제(스위스의 일부 주) 혹은 간접제나 대의민주제(대부분의 민주제 나라들)를 규정한다. 대의민주제에서 국민은 의회의 대표들을 선출한다. 이 대표들은 법률을 제정하고 행정권을 감독한다. 헌법은 이와 같이 대의민주제를 기본으로 하고 이집트 헌법 136조(국회의 해산), 152조(중요한 사안에 대한 국민투표)와 같이 국민투표와 같은 직접 민주제로 보완을 한다.

뿐만 아니라 헌법은 자본주의, 사회주의, 공산주의와 같은 경제제도에 대한 이념을 제공하며 국가의 권력이 하나의 개인이나 정당에 집중되는지, 각각이 상대적인 권한을 가지는지를 규정한다. 대개의 경우 국가는 입법부, 행정부, 사법부의 세 권력으로 나누어진다. 이 권력들의 상대적 권한 행사는 헌법에 의해 정해지며 권력의 분립이라는 원칙으로 이해되어야 한다. 이 권력분립원칙이 상호 견제와 균형 아래 긍정적 협력을 수행하는 것을 저해하도록 운용되어서는 안 된다.

나아가 헌법은 개인의 자유와 권리를 헌법과 법률의 틀 속에서 정의하며 이것의 주장, 적용, 보장을 위한 수단과 방법을 제공한다. 그리고 이것이 어떻게 실행되고 다른 권리들을 실현시키는지에 대하여 명확한 근거를 제공한다.

이러한 주제로 헌법을 가르칠 때 헌법이 국가의 정체, 권한, 개인의 자유와 권리를 어떻게 정의하는지에 초점을 맞춘다.

현 이집트 헌법은 그 첫 편에서 국가, 국가의 정치체계, 경제적 토대를 다룬다. 제2편에서는 그 사회적, 도덕적, 경제적 기본 요소들을 다룬다. 제3편은 공공의 자유(public freedom), 권리, 의무를, 제4편은 법의 집행을 다룬다. 제5편은 통치구조에 대한 것으로 1장 국가의 수반, 2장 입법권, 3장 행정부를 다루면서 국가의 대통령, 정부, 지방정부, 국가특별위원회를 포함하고, 4장 사법부, 5장 최고헌법재판소(the Supreme Constitutional Court), 6장 사회주의 검사(the socialist public prosecutor), 7장 국군과 국방위원회, 8장 경찰을 규정하고 있다. 제6편은 일반적 과도기적 조항이다. 1980년 개정헌법은 1, 2, 4, 5, 77조를 개정하였고, 제7편에 새로운 조항(new provisions)이라는 문구를 추가하면서 제1장에 자문회의(the Shurah Council)를, 제2장에 언론의 권한을 정의하였다.

3. 사법부의 기본 원칙과 역할

1) 성문화된 이집트 헌법의 기본 원칙

이집트 헌법은 다음과 같은 일반적이고 기본적인 원칙을 가지고 있다.

(1) 민주정부

민주정부의 특징은 다양한 조항들에서 드러난다. 예를 들어 제3조는, 주권은 모든 권력의 원천인 국민으로부터 나온다고 정의한다. 1980년에 개정된 제5조는 복수정당제를, 제62조는 국민 공공생활을 위한 국민 참여의무와 국민투표권을 보장하며 국가정치에 대해 자신의 의견을 표현하고 선거에 참여할 권리를 규정하고 있다.

선출된 의회, 즉 국회(People's Assembly)는 입법권을 가지고, 정부의 일반정책, 경제, 사회발전계획, 정부의 일반 예산을 승인한다. 또한 의회는 행정부의 일을 감독한다. 국회의원은 의회와 위원회 활동 중 의무를 수행하는 동안 수반되는 어떤 의견이나 생각에 대해서 답변을 하지 않을 수 있다.

헌법은 조세를 규정하고 그 변경과 폐지는 오직 법규에 의해서만 가능하게 하고 있다. 국회의원은 직접적으로 질문을 하고 설명을 요구할 권한이 있다. 수상과 장관 그리고 그 차관들은 의회에 책임을 지며 의회에 신임을 철회할 권리를 가진다. 대의민주제가 국가의 기초라고 생각하는 한편 헌법은 특별한 경우 국민투표를 통해 직접 민주제에 여전히 의존한다.

1980년 수정헌법은 Shurah council이라는 자문회의를 만들었다. 사실 이 위원회의 입법권은 논란의 여지가 있다. 헌법에 명확하게 규정된 특정사안에 한해 의견을 제시하지만 그 의견에 구속되지는 않는다.

(2) 전체 경제사회계획

헌법은 사회(민주)주의 경제 이념을 도입하였다. 여기에 기초한 정책은 수입의 균형 달성, 합법적인 소득 보호, 공공의 지출과 책임의 균등한 배분을 목적으로 충분성(sufficiency)과 정의를 기초로 하는 정부의 구조를 기반으로 한다. 그래서 '국회'가 공공의 경제와 사회개발 계획을 승인하고, 자문위원회인 Shura council의 의견 역시 요구된다.

(3) 권력분립의 원칙

헌법은 권력의 분리를 명시하면서 입법, 행정, 사법 권력을 천명하였다. 이는 한 권력이 다른 권력의 집행에 관여하는 것을 막기 위한 것이지만 권력분립은 쉽지만은 않다. 한 권력이 권력의 균형을 깨뜨리기도 한다. 국민의 이익을 위하여 상호 협력해야 한다.

(4) 기본권과 자유의 보장

대부분의 인간의 기본권과 자유는 이집트 헌법 전체를 통해 보장되고 있다. 특히 공공의 권리(public right)와 자유의 각 장(제3편)에서 명확하게 강조하고 있다.

(5) 법치주의, 국가의 법 수호, 사법부의 독립

모든 원칙들은 헌법에 의해 명시되고 보장된다. 헌법 전문에 명확히 규정되어 있는 법의 지배는 단순히 개인의 자유를 보장하기 위해 필요한 것뿐만이 아니라 입법부의 중요한 기초가 된다. 헌법은 법의 지배를 정부의 근본으로 하고 있으며, 헌법의 여러 곳에서 사법부의 독립과 면책특권을 규정하고 있는 것이 확인되는데 이 두 가지는 개인의 자유와 권리를 보호하는 기본적 보장장치이다. 또한 헌법은 국가를 법의 영향력 안에 둔다.

2) 헌법 수호를 위한 사법부의 역할

사법부의 다양성은 이집트 법체계의 주요한 특징이다. 통일된 단일 국가의 사법부에 여러 재판소를 두고 있다.

① 일반재판소(the ordinary judicial body: 민형사 재판권)의 최상위에는 이집트 파기원(Court of Cassation)이 있는데 일반법원(The ordinary court)은 민법을 적용하고 개인 간 분쟁 혹은 개인 대 기관 간 분쟁을 조정한다.

국가회의(State council), 즉 행정재판부(the administrative judicial body)에는 최고행정재판소(the Supreme Administrative Court)가

최고의 지위를 점한다. 이 회의는 공법관계에서 발생하는 행정부와 개인 간 분쟁을 조정하는 권한을 가지고 있다. 국가회의는 또한 징계사건을 처리하는 권한도 가진다.

그리고 최상급 기관인 최고헌법재판소가 있다. 이 재판소는 입법부가 만든 법을 해석할 뿐 아니라 법과 규칙을 검토하는 배타적인 사법적 권한을 가지고 있다. 헌법재판소법에서는 헌법재판소가 사법권의 분쟁(conflicts of jurisdiction)과 법원 간의 판결(conflicts of rulings between other courts)을 조정하도록 하고 있다.

② 이러한 사법제도(court systems)에는 사법권(judicial power)을 가진 몇몇의 행정위원회와 전문화되고 예외적인 재판소들이 있다. 또한 사법적 기능을 하는 많은 기관들이 있다. 이들 중에는 국가 소송 기구(State Litigation Authority)가 있는데 국가가 제기한 혹은 국가를 제소한 모든 소송에서 공공의 이익을 보호한다. 더불어 재정적, 행정적 비리, 공무원의 비행을 조사하는 행정소추(the administrative prosecution)가 있다.

사법부는 모든 권력과 개인들이 헌법을 존중하도록 한다. 모든 사법부의 조직은 개인의 자유와 권리를 보호하고 헌법을 수호하는 중요한 역할을 한다.

예를 들면 최고헌법재판소는 모든 법(laws)과 규칙(regulations)이 헌법에 합치하는지와 헌법에 저촉될 때 그 위헌성을 선언하는 권한을 가진다. 헌법 사안에서의 재판소의 결정에는 이의를 제기할 수 없으며 모든 대상에 대해 기속력을 가진다. 그리고 그러한 결정들은 그 사안(origin)과 관련해서 소급효를 가진다.

이러한 이유로 재판소는 사실상 헌법을 수호하며 공공의 이익과 자유를 보호하는 기본적인 역할을 한다. 사법부의 이러한 신중한 노력들을 통하여 법원은 국가의 근본사항에 대한 많은 변화의 초석을 다져왔다.

국가회의(State Council)는 행정상 결정으로 개인의 자유와 권리를 침해하는 행정부를 견제한다.

일반 재판소를 통해 어떠한 경우이든 개인의 자유와 권리가 불법적으로 침해되면 사법적인 구제를 받게 된다.

4. 헌법 조항의 법률적 집행

헌법은 그 나라 최고의 법이며 각 주의 법률적 기초에 특별한 지위를 가진다. 헌법은 입법부가 따라야 하는 여러 가지 기본원칙들을 가지고 있다. 사실상 법률은 헌법 내 모든 일반적인 원칙들을 따르도록 하는 것을 목표로 한다. 그러나 이런 모든 원칙들을 다루기에는 어려움이 있으므로 본 연구에서는 가장 중요한 헌법적 원칙들만 검토할 것이다.

이집트 현행 헌법은 다음과 같은 근본적인 원칙들을 인정하고 있다.

① 1980년에 수정된 헌법 제1조의 첫 문장은 국가의 체계는 사회주의, 민주주의, 국민노동력의 협력을 근간으로 함을 천명하고 있다.

② 현행 헌법 제1조의 두 번째 문장은 이전의 이집트 헌법에 비하여 좀 더 분명하고 긍정적으로 이집트 국민은 아랍 국가의 일원이며 포괄적인 연합의 실현을 위하여 노력한다는 것을 표방

하고 있다. 국민의 가장 중요한 책무는 전 아랍의 연합을 이루기 위해 노력하는 것이다.

③ 헌법 제2조에서 이슬람은 국교이며 아랍어는 공식 언어임을 규정함으로써 국가의 종교적 특징을 강조하고 있다. 이슬람은 국민 대다수의 종교이지만 여러 다양한 일반적인(종교적이지 않은) 개념도 여전히 헌법에서 발견할 수 있다. 이는 다른 헌법적 규정들로부터 나오는데 특별히 제40조에서는 인종, 인종적 기원, 언어, 종교 혹은 신념에 기인한 차별금지, 즉 모든 국민들의 동등한 권리와 의무들을 규정하고 있다. 또한 이를 위해 제3조에서는 국가적 통합을 위한 국민의 의무를 규정하고 있다.

④ 1980년에 개정된 헌법 제2조의 2문은 샤리아 원칙이 입법의 기초가 됨을 명시하고 있다. 이 개정은 입법부의 법률제정 시, 그 기원과 의미가 절대적인 이슬람 샤리아 원칙이 반영되어야 한다는 강력한 의미이다. 이는 모든 사람들에게 알려진 부동의 원칙이며 무슬림과 비무슬림이 자신들의 자유와 권리를 향유하도록 한다.

⑤ 제3조는 민주주의의 가장 기본적인 원칙을 채택하였다. 이 조항은 국가의 주권은 국민에게 속해 있으며 국민으로부터 모든 권력이 시작된다는 것을 선언하고 있다. 그러므로 주권은 국민에게 속해 있으며 지배자나 다른 권력, 단체, 계층 혹은 정당에 속해 있는 것이 아니다.

⑥ 헌법에서 경제원칙과 정치구조는 소득격차를 줄이고자 노력한다. 1980년에 개정된 제4조에서 국가의 경제적 기초는 착취를 배제하면서 소득격차를 줄이고, 적법한 소득의 보호, 공공의

이익과 책임의 공평한 분배를 보증하는 것을 기본으로 하는 충분성(sufficiency)과 정의를 기본으로 한 사회민주주의를 규정하고 있다.

⑦ 복수정당제도는 1980년에 개정된 헌법 제5조에서 보장하고 있다. 이집트와 지방(region)의 헌법발전사는 복수정당제가 보다 민주적인 국가의 기초를 이루는 체제임을 보여주고 있다.

⑧ 헌법은 제2편 제1장에서 사회적 안정과 균등한 기회에 기초한 사회적, 도덕적 요소를 체계화하였다. 그 일례로 가정은 종교, 도덕성, 애국심에 토대를 둔 사회의 기본으로 이해되며 여성과 유소년의 보호를 보장하고 있다. 이러한 요소들은 또한 여성들이 남성과 동일한 권리를 가짐과 샤리아 원칙의 선입견을 배제하면서 가정과 직장에서의 사회적 의무를 규정하고 있다. 사회는 도덕적 가치, 사회적 유산과 공공의 도덕성을 보호하는데 최선의 노력을 다하며 국가 역시 이와 같은 원칙에 전념하고 있다. 더불어 노동은 권리이자 의무이며 신성한 것으로 규정되어 있다. 강제노역은 금지되며 근로자들은 자신의 노동과 노력에 따라 정당한 급여를 받아야 함을 명시하고 있다.

모든 국민은 공직에 있어 평등하다. 공무원은 국민들을 위해 자신의 의무를 다하는 것이 헌법적으로 보장되어 있다. 이들은 법률상 예외가 인정되는 경우를 제외하고 징계 절차에 의해서만 직무에서 물러난다.

근로 기회의 우선적 제공은 참전용사와 전쟁부상자, 순교자의 아내와 자녀들에게 주어진다. 어떤 이들은 이것이 평등권에 모순된다고 지적하지만 이는 객관적이고 정당한 특혜로 설명된다.

정부는 문화와 건강에 관련된 서비스를 제공해야 하는데 특히 그 혜택에서 제외되는 지방에 문화와 건강의 혜택이 배분되도록 하여야 한다. 또한 국가는 노령, 실업, 근로능력 부족에 관한 연금과 사회의료보장을 제공하여야 한다.

정부는 모든 국민들에게 의무교육을 제공해야 하며 이는 법이 규정한 가장 근본적인 의무이다. 국가는 모든 단계의 교육을 감독할 책임을 가진다. 대학과 과학 연구기관의 독립은 보장되며 그래서 사회적 요청과 교육이 연결되도록 이바지하고 있다. 모든 단계의 국가 교육은 무상이며 문맹의 퇴치는 국가적 의무이다. 민간작위(civil titles)는 헌법에 의해 금지된다.

⑨ 국가의 경제는 국가의 부를 증진하는 종합적인 계획에 의해서 운영되는데 공정한 분배, 생활기준의 향상, 실업의 해소, 생산성에 따른 임금과 최저임금을 보장하고 있다. 헌법은 국민이 착취로 얻은 부가 아닌 국민 자신이 일한 만큼의 국민생산의 분배를 국민에게 보장한다. 근로자들은 공공역무(public projects)의 경영에 참여할 수 있으며 그 수익을 분배할 수 있도록 규정하고 있다. 국가는 모든 형태의 협력기관을 보호한다. 부는 공동의 재산, 협력의 재산, 개인의 재산으로 나누어진다. 공동의 재산은 인정되고, 협력의 재산은 보호되며, 비착취에 기한 사유재산은 사회적 기능을 수행하는 안전장치이다. 사유재산은 법에 따른 사법적 결정(judicial decision)에 의한 경우를 제외하고는 몰수할 수 없다. 또한 그 상속권을 보장하면서 행하는 정당한 보상이나 정당한 목적이 아니고는 사유재산의 수용을 금지한다. 국유화는 공공의 이익을 고려한 경우에만 법에 의하여 보상 없이

인정된다. 일반적인 사유재산의 몰수는 금지되며 부분적 몰수는 오직 사법적 결정에 의해서만 인정된다. 세금제도는 사회적 정의에 기초한다.

⑩ 공공의 이익과 자유는 헌법 제3편에 명시되어 있다. 평등권은 모든 자유와 권리의 기본이다. 개인적 자유는 수사가 필요하거나 사회의 안전을 요하는 경우 필요에 따른 법률적 명령이 아니고는 제한되거나 침해될 수 없는 천부의 권리이다. 개인의 체포나 구금은 인간의 존엄성 원칙하에 적용되며 신체적, 도덕적 위해를 가함으로써 개인을 체포할 수는 없다. 헌법은 주거의 신성함을 존중하며 법률의 규정에 의한 체포영장 없이 가택을 침입하거나 수색할 수 없다. 존엄성, 통신의 비밀, 의사소통의 방법에 대한 권리는 종교적 의식을 행하는 자유, 표현의 자유 특히 언론의 자유와 함께 보장된다.

헌법은 국가가 과학적 연구, 문학, 예술, 문화적 창의성을 독려하도록 하고 있다. 거주이전과 이민의 자유, 집회결사의 자유, 민주적 노동조합과 그의 사회적 계획과 시행에의 참가를 규정하고 있다. 자국의 보호, 국가연합(national unity)의 보장, 국가기밀의 보호는 국가의 의무이다. 국민은 정치적 권리를 보장받으며 그 권리를 이행할 의무를 가진다. 개인은 또한 공권력에 대하여 이의를 제기할 권리를 가진다.

⑪ 헌법은 범죄와 형벌의 적법성에 대한 원칙을 세우며 형사법의 소급적용을 금하고 있다. 피고는 유죄가 확정될 때까지 결백하다고 인정되며 공정한 재판과 변호인의 도움을 받을 권리가 있다. 소송할 권리(이는 그 자체로 모든 자유와 권리의 근본적

인 보장이다)는 모든 사람들을 위한 신성한 권리이다. 또한 행정적 결정이나 집행은 사법적 검토로부터 면제될 수 없다. 공무원이 재판의 결정을 거부하거나 방해하는 것은 범죄를 저지르는 것이다.

⑫ 헌법은 지방행정체제를 규정하고 있다. 직접 선출된 지방국민의회(Local People's Councils)를 통하여 지방의 업무를 운영하는 국민참여를 보장하고 있다. 이런 의회들의 권한, 재정, 의원들에 대한 보장, 이들과 국회 및 정부와의 관계, 개발계획을 실행하고 준비하는 역할, 다양한 활동의 조정은 법에 의하여 규정된다.

⑬ 사법부의 독립은 헌법적으로 보장되어 있다. 판사들은 독립적이며 다른 권력에 종속되지 않고 오직 법률의 제한을 받는다. 이들은 보호되며 파면되지 않는다. 어떠한 공권력도 소송이나 재판에 개입하는 것을 허용하지 않는다. 오직 법이 사법적 조직, 그 권한과 직무에 대하여 결정한다. 사법최고회의(A supreme council of judicial bodies)는 재판관들과 관련된 행정적 사안을 감독지휘하며 재판부의 행정사안들을 규정하는 법안에 대하여 의견을 제시한다.

현행 헌법은 국가회의(State Council)에 행정적 분쟁과 징계에 대한 관할권을 부여하였다. 독립적인 재판기구(judicial body)임을 인정한 첫 이집트 헌법이다. 또한 최고헌법재판소가 헌법적 쟁점을 판단하도록 한 첫 이집트 헌법이다.

⑭ 헌법은 국군이 국민에게 속하며 이들의 과제는 국가의 안전과 국가를 보호하는 것이라는 것을 규정하고 있다. 어떤 권력이나

단체도 군대나 이와 유사한 형태의 군사적 형태를 가질 수 없다. 헌법은 또한 법률로 군사재판과 그 권한을 규정하도록 한다. 경찰에 관하여 헌법은 국민을 위해 봉사하는 조직화된 대중의 권한(civil authority)으로 여기며 공공의 질서, 안전, 도덕성을 보장하도록 하고 있다.

⑮ 권력의 분립은 각각의 권한을 정의하는 헌법에서 토대가 만들어졌다. 입법권은 법률을 제정하고, 행정부를 감독하고, 국가의 일반적인 정책과 일반적인 개발 계획을 승인한다. 행정권은 공화국의 대통령이 이끈다. 대통령은 내각과 협력하여 국가의 공공정책을 수립하며 실행한다. 공화국의 대통령은 법이 집행되도록 필요한 모든 시행령을 제정한다. 이런 업무는 위임할 수 있다. 또한 법에 관련사항을 규정할 수 있다. 대통령은 공공사업과 조직을 세우는 데 관련된 모든 결정과 규정을 담당한다. 정부는 국가의 최고 행정조직이다. 사법권은 합법성의 원칙에 입각해 사회정의, 법의 적용과 집행을 감독한다.

세 권력이 서로 영향력을 미치지 않으면서 균형을 이루기 위해서 헌법은 긴급한 경우 행정부의 입법권을 인정한다. 국회의 부재나 의회 구성원 가중다수가 위임한 경우 헌법은 공화국의 대통령에게 예외적으로 법률의 효력을 가지는 법령(decrees)을 제정하는 것을 인정한다. 그러나 이런 법령은 반드시 사후 국회에 제출되고 승인되어야 한다.

1980년 헌법 개정에서 국가공권력의 하나로 언론(Press)을 규정하였다. 이는 다른 나라 헌법에서는 발견되지 않는다. 많은 학자들은 이 규정이 불합리하다고 주장한다. 언론은 시대의 다수 여론을 반영하는 것이 사명이므로 국가권력에 연결되어서는 안 된다는 것이다. 따라서 언론은 행정부, 국회, 사법부와 함께 제4의 권력이 되어서는 안 된다고 한다.

II. 헌법재판

1. 개괄적인 역사적 배경

'헌법재판'의 역사를 연구할 때 가장 먼저 해야 할 일은 '헌법재판'이라는 용어의 정의(定義)를 내리는 일이다. 이를 통해 주제와 역사적 발전 그리고 그것이 가지는 의미를 연결 지을 수 있다. 사실 '헌법재판'을 정의하는 방법은 여러 가지가 있다. 일반적 정의로는 위헌법률심사권을 행사할 수 있는 독점적 권한을 가진 사법부 내의 법원이나 재판소의 재판을 말한다. 실질적 정의로는 법률이 헌법에 부합하는지 의문이 제기될 때 그 헌법 문제에 대해 판단한 재판을 의미한다.

전자의 경우, 헌법재판이 위헌법률심사권의 조직적인 구조와 연관되기 때문에 심사권을 행사할 수 있는 특수법원 없이는 헌법재판이 이루어질 수 없다.

후자의 경우, 제기된 문제가 헌법 문제 해결과 관련되는 한 그 결정을 특수 헌법법원이 내리든 다른 법원이 내리든 상관없이 통상 헌법 문제의 판단을 행한 재판을 포함해 헌법재판의 범위가 확장된다.

한편 헌법재판은 일반적·실질적 관점 모두에서 이해 될 수 있다.

특히 위헌법률심사의 조직적인 구조를 갖춘 국가에서 유용한 접근 방식이다. 헌법재판의 개념을 실질적인 관점을 바탕으로 이해하면서 법률의 합헌성을 좌우하는 사법부의 원칙을 이해하게 된다.

이집트의 경우 실질적 정의(定義)가 먼저 확립되었고 위헌법률 심사권의 개념은 입법부가 특정한 특수법원에 심사의 독점권을 부여하기 전부터 수용되었다. 이집트는 20세기 초반부터 기존의 헌법보다 우수한 현대 헌법의 개념을 수용해 채택했다 이 과정은 1923년 헌법선포(promulgation)를 시작으로 1930년 헌법, 1953년 헌법 선언(Declaration), 1956년, 1958년, 1964년 헌법, 1971년 영구헌법(the permanent Constitution)으로 이어졌다.

위헌법률심사가 경성헌법과 연관된다는 사실은 역사적으로 이집 트 사법부가 위헌법률심사의 권한을 확보할 수 있도록 도왔다. 1923 년과 1930년 헌법을 따르는 동안 이 권한의 조직적인 구조의 부재 속에서 사법부는 일종의 심사권을 행사하려 했지만 주어진 법의 위 헌성과 관련한 어떠한 결정도 관련된 논쟁의 범주 밖에서는 결정적 인 영향력을 가지지 못했다. 동일한 법률이 다른 사안에서 또 다른 법원이나 이전에 헌법에 위배된다고 선언했던 동일한 재판관에 의 해 적용될 수도 있었다. 이런 점에서 위헌법률심사의 원칙에 있어 사 법부 내(among the ordinary judiciary)의 합의가 없었고 법원의 결정 은 이런 점에서 모순되었다. 하지만 1948년 국가회의(State Council) 는 위헌법률심사의 개념을 지지했고 이는 헌법의 최고규범성원칙의 자연스러운 결과로 여겨졌다. 1952년 사법부도 위헌법률심사를 지 지했고 사법부가 법률의 합헌성을 검토할 수 있게 된 이래로 그것이 확고한 제도가 되었다.

1953년 이후 이집트는 위헌법률심사권을 조직적으로 뒷받침하기 위해 여러 차례 입법을 시도했으나 여러 이유로 무산되었다. 1969년 법령 제81호를 통해 국가 최고사법기관으로서 최고법원(Supreme Court)을 설립했고 헌법문제에 관해 위헌법률심사의 독점권을 가졌다. 결과적으로 어떤 다른 사법기관도 입법에 대한 위헌법률심사권을 행사할 수 없었다. 합헌성이나 위헌성과 관련해 최고법원의 결정은 동일한 문제에 있어 어떠한 새로운 이의도 금지하였고, 따라서 일반적이고 확정적인 것이 되었다.

1971년 영구헌법이 채택되었을 때 이집트 헌법 역사상 최초로 '법률(law)'과 '명령·규칙(regulations)'의 위헌심사독점권을 행사하는 최고헌법재판소(Supreme Constitutional Court)가 설립되었다. 이를 위해 1979년 법령 제48호가 발효되었고 최고헌법재판소의 지위와 권한을 규정했다.

2. 최고헌법재판소의 권한

헌법재판소는 법의 합헌성을 보장해야 한다. 그럼에도 불구하고 헌법재판의 조직적 체제가 존재하는 국가의 경우, 입법부가 사법부에게 위헌법률심사와 더불어 위헌법률심사권과 엄격히 관련되지 않은 문제도 위임하는 것을 종종 발견한다. 이것이 이집트의 경험에 비추어볼 때도 나타난다. 1969년 최고법원이 수립되었을 때 입법부가 위헌법률심사에만 그 역할을 국한하지 않고 법률문구의 해석, 민관분쟁에 관한 중재위원회의 결정의 집행정지 요청이 제기된 사건의 해결, 관할권분쟁결정(decision-making in matters of conflict of jurisdiction)과 같은 다른 권한도 부여했다.

1971년 헌법이 선포되었을 때 최고헌법재판소는 위헌법률심사와 법 해석에 관한 권한을 위임받았고 입법부는 다른 몇 가지 권한을 부여받을 수 있다고 규정했다. 게다가 최고헌법재판소를 설립한 1979년 법령 제48호가 발효되었을 때 동 재판소에 법률과 규정(regulations)의 위헌법률심사권 그리고 입법부와 대통령이 공표한 법과 법령의 해석을 위임했다. 또한 동 재판소에는 관할권분쟁 문제와 상충되는 법원 결정이행에 관한 판결을 검토할 책임이 있다고 덧붙였다. 최고헌법재판소는 또한 관련인(members, commissioners, beneficiaries)의 재정적·행정적 문제와 관련한 모든 문제를 해결하는 데에도 책임이 있다.

최고헌법재판소의 가장 중요한 권한은 위헌법률심사권이다. 이 권한은 국회가 제정한 법률, 대통령이 제정한 법령, 행정규정(administrative regulations)에 해당된다. 재판소는 위헌법률심사권을 다음과 같이 정의했다. "법이 함축하는 의미 때문에, 즉 법이 일반성과 추상성을 가지고 있기에 입법부가 제정한 법이든 행정당국이 제정한 부수적인 법규(statutes)이든 간에 그 내용이 헌법에 합치하도록 적용해야 한다. 모든 법규의 성질은 적용영역과 수많은 관련 주제에 의해 특징지어진다. 만약 최고헌법재판소가 특정법규를 무효로 선언한다면 그 파급효과가 광범위하다. … 때문에 위헌법률심사권이 단일 기관에 주어지는 것이 필요했다(Constitutional Case No. 26, Year 15, 2 December 1995)."

주목할 만한 것은 몇 가지 판결에서 두 가지 개념의 범주를 제안했음에도 불구하고 재판소의 위헌법률심사권에는 개별적인 행정적 결정이나 비행정적인 조직적 결정이 포함되지 않는다. 게다가 재판소는 통치행위나 정치적 행위를 판단할 권한은 없다.

많은 판결에서, 재판소는 위헌법률심사의 목표가 현 헌법을 수호하고 헌법규정 위반을 예방하는 것임을 분명히 했다. 헌법을 정부체제의 근간으로 보고 국가의 다른 모든 법적 구속력을 가진 법규보다 우선으로 삼고 있다. 헌법은 최고법규이기 때문에 어떤 상충하는 법률도 허용되지 않는다. 위헌법률심사권은 현 헌법 규정을 기준으로 행사해야지 문제가 제기된 법이 제정된 당시의 헌법규정을 근거로 하지 않는다. 이의제기는 법의 제안·승인과 관련된 사항, 공포절차 같은 행정규칙에도 적용된다. 이 모든 문제에서 위헌법률심사는 법률이 시행 중인 당시의 헌법을 근거로 한다.

3. 최고헌법재판소의 구성과 독립성

최고헌법재판소는 독립적이고, 소장(Chief Justice)이 이끄는 독특한 사법기관이고, 독자적이지만 상호의존적인 재판소 자체와 위원회(Commissioners' Body)의 두 부분으로 구성된다. 사법부 전 직원에게 요구되는 일반신분조건과 재판관과 위원이 충족해야 하는 신분조건이 있다. 재판관과 위원장의 최소 연령은 45세이다.

대통령은 소장, 재판관, 위원을 임명한다. 소장 임명의 경우, 임명 전 어떤 기관과도 협의해서는 안 되기에 대통령의 재량에 상당 부분 달려있다. 재판관과 위원의 임명은 그렇지 않다. 재판관 임명 시에는 사법부 최고회의의 자문을 거쳐야 한다. 재판관 임명은 법원회의(court's general assembly)와 법원장회의에서 제출한 후보를 대상으로 한다. 위원 임명은 법원회의에서 협의한 후 법원장이 제출한 후보를 대상으로 한다.

행정직원(administrative staff)은 사무총장(court's secretary general)과 행정 및 재정 공무원으로 구성된 사무국에서 근무한다. 행정직원은 법률과 규정에 따라 행정처장(Chief Justice, who is vested with ministerial responsibility)의 감독하에서 행동한다.

다른 사법기관과 같이 최고헌법재판소는 독자적인 기관이다. 헌법과 법률을 규정하는 법령의 여러 법률 문서는 이러한 독립성을 위한 근거가 된다.

사법부와 판사의 독립성을 다루는 헌법의 규정 중 제65조는 권리와 자유를 보호하는 두 가지 기본 원칙인 사법부의 독립과 면책특권에 대해 기술하고 있다. 제166조, 제168조에 따르면 판사는 독립적이고 다른 누구도 아닌 법률의 구속을 받으며 어떤 권력도 법원이나 사법문제에 간섭할 수 없다. 또한 판사의 지위는 변경할 수 없고 법률로 판사와 관련된 징계처분을 규정할 수 있다. 최고헌법재판소에 직접적으로 적용되는 규정도 있다. 예를 들어, 제174조는 재판관을 독립적이고 자율적인 사법기관으로 규정한다. 헌법 제176조는 재판관이 준수해야 할 사항과 그들의 권리 및 면책특권을 규정한다. 제177조는 최고헌법재판소 재판관의 지위는 변경할 수 없고 재판관은 재판소에 대해서 책임을 진다고 규정한다.

법원법(statute of the court)에는 법원의 독립성을 강조하는 많은 조항이 있다. 예를 들어, 제11조에 따르면 법관을 파면할 수 없고 그들의 동의 없이 다른 직위로 이직할 수 없다. 제12조에서는 법관의 봉급과 수당을 정함에 있어 어떤 다른 기관의 간섭이 없도록 한다. 또한 권한, 징계조치, 연금, 수당, 퇴직, 법원예산준비에 적용되는 다른 조항도 있다.

이 법에서는 법원과 관련된 법률안의 경우에는 법원회의와의 협의를 거치는 것을 의무로 하고 있다. 또한 법관, 위원 및 직원들에게 의료 및 사회적 서비스를 제공하기 위해 법인격을 가진 펀드 조성을 규정하고 있다.

4. 헌법소송절차

1) 최고헌법재판소에의 제소 전 절차

최고헌법재판소 소송절차는 행사된 권한 측면에서 다양하다. 일반적으로 재판소에 제소된 처분(actions)과 청구(requests)는 몇 가지 통일된 절차를 따른다. 하지만 재판소에서 검토하는 각 처분의 태양에 따라 독자적으로 적용 가능한 특별 절차가 있다.

(1) 일반절차

소송절차의 기본규칙이 법원법(court's statute) 제28조에 명시되어 있다. 이 조항은 특별절차에 해당하지 않는 한, 이 절차가 재판소의 권한과 규정된 절차에 위배되지 않는 한, 최고헌법재판소로의 결정(committal decision), 신청(application), (심판)청구(requests)는 민사소송법과 상사소송절차에 따르도록 하고 있다. 법원에서의 다른 일반적 절차는 다음과 같이 요약된다.

① 법원이 제기한 청구와 법 해석을 위한 청구를 제외하고, 파기원이나 최고행정법원에서 변호인이 소장에 서명해야 한다.

② 결정, 신청과 청구는 접수된 날에 법원 서기부서에 등록된다.

③ 법 해석 청구를 제외하고 집행관의 부서를 통해 법원 서기실은 접수 15일 이내에 결정, 신청이나 청구를 관련 당사자에게 통지해야 한다.

④ 결정이나 사건과 관련된 통지를 누가 받든 소환된 지 15일 이내에 증거서류와 함께 서면(memorandum)을 제출한다. 피상소인은 기간의 만료 15일 이내에 증거서류와 함께 서면을 제출함으로써 응할 자격을 가진다. 만약 이렇게 한다면 첫 번째 당사자는 차후 15일 이내에 서면을 제출함으로써 견해를 밝힐 수 있다.

⑤ 위에 언급된 청구기한의 만료 후 서기실은 신청서면이나 청구서면을 위원회에 보내야 한다.

⑥ 그런 다음 위원회는 소송을 준비(preparation)한다.

- 관련된 모든 정보와 서류를 관련 당국에 요청한다.
- 사실에 관해 추가 해명이 필요하거나 추가 서류와 보고서 제출을 요청하기 위해 관련 당사자를 소환한다.
- 위원은 20파운드를 초과하지 않는 선에서 진행 절차의 지연을 야기한 자가 누구든 간에 벌금을 내게 할 수 있다. 최종 결정이지만 관련 당사자가 합당한 사유를 제출한다면 전체 또는 부분적으로 그것을 철회할 수 있다.
- 소송준비 완료 후, 위원회는 사건 관련 헌법적, 법률적 요점을 확정하고 위원회에 접수된 의견을 정리한 보고서(report)를 제출한다.
- 관련 당사자는 서기실에서 이 보고서를 볼 수 있다. 또한 당

사자가 비용을 부담해 복사를 요청할 수도 있다.

- 그런 다음 1주일 이내에 이 사건을 진행할 심리날짜를 정하는 재판소장에게 신청서를 제출한다. 서기실은 영수증이 있는 등기우편으로 청문일정을 당사자에게 알린다. 이 날짜는 필요하다면 그리고 한쪽 당사자의 요청이 있다면 재판소장이 그 기간을 3일 이하로 단축하지 않는 한 15일 이내가 될 것이다.

⑦ 적어도 위원회의 선임위원은 재판소의 모든 심리에 출석해야 한다.

⑧ 파기원과 최고행정법원에서 변호한 변호사는 법정에 설 수 있다.

⑨ 서기실에 서면을 제출하지 않은 당사자는 심리에서 변호사를 대동할 권리가 없다.

⑩ 재판소는 제기된 신청과 청구를 변론(pleading) 없이 해결해야 한다. 만약 재판소가 구두변론이 필요하다고 판단한다면 당사자의 변호인과 위원회 대표의 답변을 들을 수 있다. 이런 경우, 관련 당사자는 변호인 없이 법정에 설 수 없다. 재판소는 당사자의 변호인과 위원회가 정해진 기한 내에 추가 보고서를 제출하도록 할 수 있다.

⑪ 재판소는 직무상 관련된 모든 문제를 해결한다.

⑫ 재판소의 판결과 결정은 최종적이고 의문을 제기할 수 없다.

⑬ 판결과 결정은 국민의 이름으로 공표된다.

(2) **특수절차**

재판소에 접수된 각 사건에 따라 특수하게 적용되는 절차가 있다.

① 헌법문제

정부는 모든 헌법상의 문제에 당사자로 고려된다.

② 관할권분쟁(Conflicts of Jurisdiction)과 관련된 청구

- 청구 시 논쟁의 주제, 담당사법기관(judicial bodies), 선례(rulings thereon)를 명확히 한다.
- 허용되는 청구의 경우, 두 개의 분쟁판결의 공식적인 복사본을 제출해야 한다.

③ 상충되는 판결에 관한 청구

- 청구 시 현 분쟁과 2개의 판결 사이의 상충되는 문제를 적시해야 한다.
- 허용되는 청구의 경우, 2개의 분쟁판결의 공식 복사본을 수반해야 한다.

④ 법 해석을 위한 청구

- 법무장관은 재판소에 청구서를 제출해야 한다.
- 총리, 국회의장, 사법부최고회의 청구로 제출된다.
- 청구서에서 다음을 적시한다.
 i) 해석될 입법조항
 ii) 해석에 대한 다른 관점

iii) 조항 해석에 요구되고 그것의 동일한 집행을 보장하는 중요성
   의 정도

(3) 심판의 적법요건

① 관할권분쟁(Conflict of Jurisdiction) 판단의 적법요건
관할권분쟁청구가 적법하기 위해서는 다음 조건이 충족되어야 한다.
- 관할권분쟁은 2개의 사법기관이나 사법권을 가진 기관 사이에
  발생해야 한다. 동일한 상급사법기관에 속하는 양 법원간의 관
  할권분쟁은 최고헌법재판소의 문제가 아니라 이의절차(challenge
  procedures)에 따라 해결된다.
- 이 사건은 동일한 주제와 관련되어야 한다. 즉 하나의 문제와
  관련된 사건이 2개의 분쟁 사법기관에 제출된 것이어야 한다.
- 2개의 상충하는 사법기관 모두 이 사건에 최종 판결을 내리지
  않았어야 한다.

② 상충되는 판결(Contradictory Judgments)에 관한 청구의 적법요건
상충되는 판결에 관한 청구가 적법하기 위해서는 다음 조건이 충
족되어야 한다.
- 2개의 최종 판결이 2개의 다른 사법기관이나 사법권을 가진 기
  관에 의해 내려져야 한다. 하나로 볼 수 있는 사법기관(same
  judicial branch)이나 한 기관에 소속된 2개의 법원 간 분쟁의 경
  우 최고헌법재판소의 관할이 아니다.
- 만약 이것이 동일한 주제가 아니라면 또는 이것의 범주가 다르

다면 상충되는 일은 없을 것이다.

- 둘 다 집행될 수 없다.

이런 점에서 최고헌법재판소법(the law of the Supreme Constitutional Court) 제32조는 관련 당사자의 요청이 있을 시 재판소장에게 청구에 대한 최종 결정이 내려질 때까지 상충되는 판결 중 하나 혹은 둘다의 집행을 중단할 수 있는 권한을 부여한다. 이 조치는 가처분으로 간주되고 재판소의 최종 결정에 영향을 주지 않는다.

2) 헌법사건

헌법사건이 어떻게 최고헌법재판소와 다른 관련 절차에서 다루어지는지를 살펴보겠다.

(1) 헌법사건의 심판청구

최고헌법재판소법(statute of the Supreme Constitutional Court)에 따르면 헌법 문제를 제기하는 3가지 방법이 있다.

① 판결에 있어 연관된 헌법쟁점에 대한 법원의 제청
② 법원이 당사자의 위헌소원을 인정(deemed)한 경우
③ 최고헌법재판소의 직권관할권

① 제청방법

최고헌법재판소법 제29(a)조에 따르면, 만약 어떤 법률이나 규정이 헌법에 위배된다면 소송절차는 중단될 수 있고 사법수수료 없이 심판을 위해 최고헌법재판소에 제청된다.

그러므로 제청은 법령이나 분쟁 해결에 영향을 끼칠 수 있는 법률의 조항이나 규정이 헌법조항과 상충된다고 의심하는 사법권을 가진 기관에서 독자적으로 하여야 한다. 최고헌법재판소는 그러한 조항의 합헌성에 대한 판결을 내리지만 원 분쟁의 쟁점에 관한 판단을 내리지는 않는다. 그것은 헌법상의 쟁점이 최고헌법재판소에 의해 판단된 후 법원의 결정에 맡겨질 것이다.

② 위헌소원(Claim of Unconstitutionality)

최고헌법재판소법 제29(b)조에 따르면 만약 법률이나 규정의 합헌성에 이의가 제기된다면 사건의 심리가 연기되고 위헌 여부를 제기한 당사자에게 3개월 이내의 위헌소원 청구기간이 주어진다. 이 기간이 경과되면 제기된 주장은 무효로 본다.

최고헌법재판소에 이러한 위헌소원을 제기할 수 있는 요건은 다음과 같다.

- 법원에서 쟁점을 심리하는 동안 한쪽 당사자는 법문의 위헌성에 대한 문제를 제기한다.
- 법원은 제기된 주장을 타당한 것으로 여기고 당사자가 법문의 합헌성에 의문을 제기할 수 있도록 허가한다.
- 법원은 3개월 이내로 기한을 정해 위헌소원을 제기하도록 하고 그 기간이 지나면 그 주장은 무효가 된다.

이런 점에서 만약 당사자 한쪽이 특정 법조항의 위헌성을 주장한다면 법원은 당사자가 위헌소원을 제기하도록 허락하고 이 헌법사건의 심판대상은 그 조항에만 국한될 것이다. 만약 다른 조항이 결과적으로 추가된다면 이 주장은 받아들여지지 않을 것이다. 왜냐하면 헌법문제의 범위가 법원이 정한 대상으로 한정되기 때문이다.

또한 주어진 청구기간 내에 법정에 헌법문제를 제기하는 데 실패해서 관련 주장이 무효가 될 때 법조항에 대한 문제를 제기하는 과정은 반복될 수 없다.

이 부분과 관련된 다른 준수사항은 다음과 같다.

ⅰ) 법원은 최고헌법재판소에 헌법문제를 제기하기 위한 기한을 정한다. 이 기한은 3개월을 초과해서는 안 된다. 만약 추후 일정을 정하지 않는다면 3개월 이내에 조치를 취하지 않으면 받아들여지지 않을 것이다.

ⅱ) 하지만 연장기간이 3개월을 넘지 않는 한 법원은 청구기한의 만료 전이라면 기한을 연장할 수도 있다.

일단 위헌소원이 제기되면 최고헌법재판소 소관으로 넘어간다. 위헌성 주장이 타당하다고 보아 제소를 허용한 법원은 조항의 헌법합치성에 관한 최고헌법재판소의 판결을 기다려야 한다. 하지만 예외사항도 있다. ⅰ) 소 취하, ⅱ) 관련 당사자의 청구철회, ⅲ) 위헌의 의심이 있다고 추정했으나 후에 법원이 결정으로 청구를 기각한 경우 법원은 심리재개를 결정할 수 있다.

만약 위에 언급된 3가지 상황 어디에도 적용되지 않는다면, 법원은 다음 둘 중 하나의 상황에서 심리를 계속하여 판결할 수 있다.

ⅰ) 첫 번째 상황은 문제가 제기된 조항이 형사법 영역이고 사건의 최종 판결이 피고인(이 조항의 합헌성 문제를 제기한 사람)의 무죄를 선언할 때이다. 이 경우 피고인은 더 이상 헌법 문제를 제기하는 데 있어 개인적이고 직접적인 이해관계를 가지지 않는다. 그러므로 그의 주장은 받아들여지지 않을 것이다.

하지만 만약 당해 법정(trial court)이 피고인이 유죄라고 판결을 내린다면 최고헌법재판소는 헌법사건 심리를 계속한다. 만약 문제가 제기된 조항에 위헌판결이 난다면 그 결과 청구인을 유죄로 판결한 것은 무효가 될 것이다. 최고헌법재판소법 제49조에 따라 위원장은 법원행정처장(Attorney General of the court's decision)에게 즉시 법원의 결정을 통지해 이것이 시행될 수 있도록 한다.

ii) 두 번째 상황은 문제가 제기된 조항이 형사법에 적용되지 않고 당해 법정이 심리를 계속할 때 발생한다. 이는 위헌성에 대한 주장이 타당하다고 평가하고 그 문제를 제기한 당사자가 정해진 기한 내에 최고헌법재판소에 헌법사건을 제소할 것을 허용했음에도 불구하고 나타난다.

당해 법원(trial court)이 내린 최종 판결에 따라 원 사건에서의 당사자 이익과 밀접하게 관련된 청구인의 헌법적 이익이 상실되었다는 것을 근거로 재판소가 위헌소원을 허용하지 않는 유사한 사례가 있었다. 하지만 나중에 재판소는 당해 법정(trial court)이 헌법문제에 대한 재판소의 결정을 따라야 한다고 선언함으로써 이 문제에 대한 새로운 견해를 수용했다.

어떤 사건에서도 청구기간의 계산은 민사법 원칙에 따른다.

법원에 의한 위헌제청과 당사자에게 위헌소원을 최고헌법재판소에 제기하도록 허용하는 방법을 비교할 때 분명한 것은 제청에서의 재판의 중단과 위헌소원에서의 재판연기 사이에 차이가 없다는 점이다.

최고헌법재판소는 위헌성 주장을 형식상·절차상의 특성으로 보지 않는다. 이러한 주장의 목적은 문제가 제기된 조항이 공공질서나

법의 권위와 긴밀히 연관되는, 어떤 다른 법령보다 우위에 서는 헌법 조항을 따른다는 점을 확실히 하는 것이다. 결국 이러한 주장은 모든 사건과 법령에서 제기될 수 있다. 위헌성 주장은 파기원(Court of Cassation)에 이르기 전에 제기될 수 있다. 이는 법의 적절한 적용과 직접적으로 연관되고 그에 대한 진지성을 평가하는 것은 법원의 몫이 된다.

③ 최고헌법재판소의 직권관할(Ex officio Jurisdition of the Supreme Constitutional Court)

최고헌법재판소법 제27조에 따르면 위헌판단을 함에 있어 논란이 되는 관련조항을 다루어야 하는 경우(규정된 절차를 거쳐 위헌성 심판을 하고 그 심판조항이 위헌으로 판단된 경우) 무효화될 수 있다고 규정한다.

이 조항은 최고헌법재판소의 심사범위를 확대함으로써 법률의 합헌성에 의문을 제기할 수 있는 많은 경로를 제공한다. 이전에는 당사자가 헌법문제를 재판소에 제기할 수 있는 유일한 방법은 위헌소원을 통해서였다. 상기 조항은 어떤 규제 없이 모든 사건과 그에 대한 사법권을 행사하는 과정에서 적용된다. 하지만 문제가 제기된 법규는 관련 쟁점과 연관되어 있어야 한다. 그러므로 직권관할이 허용되기 위해서는 재판소가 검토하는 쟁점과 이 소송과 관련된 법문이 있어야 한다. 결국 이러한 주장은 헌법사건을 검토하는 과정, 관할권분쟁이나 상충되는 판결의 해결과 관련된 청구, 집행분쟁과 관련한 청구와 재판관의 요청(request by members)에 의해 받아들여진다.

위헌법률심판과 위헌소원에서는 사법적 다툼(judicial controversy)이 발생하지 않기 때문에 직권절차는 이 경우 적용할 수 없다.

이 직권절차는 사건이나 청구에서 기인한 것이기 때문에 사건이나 청구 자체가 받아들여질 수 있는 경우에만 진행될 수 있다(Constitutional Case No. 12, Year 13, session of 7 November 1992).

재판부가 직권판단을 하기로 결정할 때마다 재판부는 사건을 위원회에 송부해 위헌시비가 제기된 법규의 타당성과 관련해 이를 준비할 수 있도록 해야 한다. 그리고 위원회가 보고서를 제출하면 사건이 재판부에서 심리된다.

(2) 수수료와 비용

최고헌법재판소에 제소하는 데 드는 수수료와 비용에 관한 여러 가지 법조항이 있다. 법원법 제52조에 따라 소속구성원의 청구, 사법권 분쟁에 따른 청구, 법 해석에 대한 상충되는 판결에 대한 청구의 경우 비용이 들지 않는다. 헌법문제를 판단하기 위해 당해 법원에 의해 회부된 사건에도 동일한 원칙이 적용된다.

합헌성 시비로 시작된 헌법사건의 경우, 서면통지와 판결통지를 포함한 사건과 관련한 모든 법적 절차를 포함해 25 이집트 파운드(약 5천2백 원)로 고정 요금이 정해져 있다. 또한 신청인은 법원에 사건을 제출하자마자 25이집트파운드를 낸다. 1명 이상의 신청인이 함께 사건을 제출하는 경우에도 동일하다. 이 돈은 만약 사건이 각하되거나 기각되더라도 돌려주지 않는다.

이 법 제54조에 따르면 사건이 승소할 가능성이 있는 경우, 지불능력이 없음을 증명할 수 있는 개인의 경우에는 전체 혹은 부분적으로 면제받을 수 있다. 위원장은 최종적으로 면제 여부를 결정한다.

이 법 제55조에 따르면 법원법에 의해 규정되지 않은 수수료와 비용에 관한 모든 다른 문제는 민사, 상사 문제에 대한 민사소송과 상사절차에서의 사법비용에 관한 1944년 법령 제90호에서 규정한 비용원칙을 따른다.

(3) 헌법사건의 심판대상과 당사자

헌법사건의 심판대상은 최고헌법재판소에 사건을 제소하는 형태에 따라 정해진다. 위헌제청의 경우 심판대상 범위는 제청결정에서 언급된 법조항에 의해 결정된다. 위헌소원의 경우 심판대상조항에 의해 결정되고 법원은 청구인이 위헌소원을 제기할 수 있도록 허용한다.

당사자와 관련해 최고헌법재판소법 제35조 마지막 문단은 모든 헌법사건과 관련해 정부가 당사자 중 한 명으로서 이해관계를 가지는 것으로 본다고 규정한다. 때문에 민사법에 규정된 적절한 절차에 따라 총리실에 알린다.

사건의 어느 당자자이든지 당해 법원에 의해 헌법소송의 공동당사자로 될 수 있다. 그 밖의 사람은 그렇지 않다.

(4) 헌법사건의 적법요건

적법요건과 더불어 몇 가지 형식요건을 포함한다.

① 형식요건

파기원에서 변호가 허용된 변호인에 의해 서명된 신청서를 적법요건을 갖추어 청구기간 내에 최고헌법재판소의 총무처에 신청하는 것과 더불어, 위헌제청이나 위헌소원에서 당해 법정이 위헌주장을 타당하다고 보는 경우 최고헌법재판소법 제30조에 따라 중요자료를 요청하고 그 밖의 경우는 민사법절차에 의한다. 이것에는 합헌성 문제가 제기된 법조항과 위반되었다고 주장된 헌법조항을 포함한다.

법원은 항상 헌법사건과 관련된 형식절차를 고려해 왔다. 이러한 형식을 따르지 않으면 사건을 용인할 수 없다. 과거에 잠깐 동안 법원은 이러한 형식요건을 엄격히 고수했다. 하지만 지나친 형식상의 절차고수가 보다 균형 잡힌 태도로 바뀌었다. 이에 따라 법원은 비록 제청결정이나 위헌소원청구 시 헌법문제의 성질(nature)을 핵심자료에 포함시켜야 하지만, 위헌시비가 제기된 법조항과 관련된 헌법조항에 대한 명백하고 직접적인 정의를 포함할 필요는 없다고 결정했다.

헌법문제에 대한 판결을 내릴 때 최고헌법재판소는 문제가 제기된 법문이 다른 헌법조항과 양립할 수 있는지 여부도 확인해야 할 것이다. 법원은 위헌제청이나 위헌소원청구에 포함된 모든 논의를 각하할 수도 있다.

② 헌법사건에서의 적법성

청구인이 가지는 개인적, 직접적 이익은 헌법사건 적법성의 기본요건이다. 이 요건은 법원에서 최고헌법재판소까지의 제청사건과 법원이 허용한 위헌소원사건으로까지 확대된다. 이러한 이익은 실제사건과 연관된 이익과 관련되어야 한다. 예를 들어, 헌법사건의 판결은 법원에 제기된 실질적인 내용에 관한 것이어야 한다.

그러므로 헌법사건은 만약 위헌성 문제가 제기된 조항으로 인해 손해를 입은 사람에 의해 시작된다면 그 손해가 실질적으로 발생했는지 또는 손해가 임박했는지를 근거로 받아들여질 수 있다.

모든 경우에 그 손해는 명백해야 하고 문제가 제기된 조항의 단순한 위반과는 구별되어야 한다. 손해는 법적으로 정의되고, 파악되고, 대응될 수 있는 고유의 독자적인 요소가 있어야 하고 문제가 제기된 조항으로 인한 것이어야 한다. 만약 이것이 청구인에게 적용되지 않거나, 청구인이 그 조항을 통해 이익을 얻거나, 청구인이 주장한 권리가 특정 조항에 위반되지 않았다면 청구인에게는 당사자 적격성이 없다.

적격성은 문제를 제기할 때 존재해야 하고 판결이 내려질 때까지 적격성이 있는 상태로 남아있어야 한다. 최고헌법재판소는 심판조항이 폐지된 경우 폐지된 문구가 여전히 청구인에게 영향력을 발휘한다면 청구인은 합헌성 문제를 제기함에 있어 직접적이고 개인적인 이해관계를 가진다고 결정했다.

또한 위헌심판이 당해 법정에 심리 중인 사건과 관련될 것을 요건으로 한다. 특정 법조항의 합헌성 여부에 관한 최고헌법재판소의 선고 시 당해 법원에는 최고헌법재판소의 판결을 적용할 실체적 사건이 있어야 한다.

오로지 최고헌법재판소만이 헌법소송절차에서 적법요건이 충족되었는지를 결정할 수 있다. 재판소는 제청법원이나 위헌소원 허가법원의 평가에 구속되지 않는다. 이런 점에서 재판소는 또한 헌법문제에 대한 판결을 내릴 때까지 실체사건의 심리를 중단하는 당해 법원의 결정에 구속되지 않는다(Constitutional Case No.10, Year 13, session of 7 May 1994).

Ⅲ. 판례

이집트 헌법재판에서 문제가 되는 곳은 대부분 국가의 법률은 샤리아법에 위배될 수 없다는 헌법조항에 귀결된다. 즉 실정법이 샤리아법에 위반되고 때문에 샤리아법에 위배될 수 없다는 헌법조항을 침해하므로 위헌이라는 주장인 것이다.

1. 기본법리

① 이혼소송의 원고가 관련법이 이집트 헌법 제2조와 합치하지 않으므로 그 적용을 배제해달라는 청구를 하였으나 법원은 이를 인정하지 않았다. 사실상 샤리아의 핵심원리에 법이 합치한다고 판단한 것이다. 이 판결은 향후 샤리아의 핵심원리에 법이 부합하지 못하는 경우가 발생하면 법원이 그 법의 적용을 배제할 수 있다는 것을 함축하고 있다.[1]

---

1) Rudolph Peters, Divine Law or Man-Made Law?, Arab Law Quarterly 3.3, 1988, p.241 and n. 32.: Clark B. Lombardi, State Law as Islamic law in modern Egypt-The Incorporation of the Sharia into Egyptian Constitutional law, 2006, p.129에서 재인용; 1976년 4월 이집트 대법원(후에 이집트 헌법재판소로 재창설된다)은 헌법 제2조의 의미가 모호하기에 모든 이집트의 법률은 샤리아의 핵심원칙에 합치되도록 하는 것이 요구된다고 하였다; 이 판결을 이해하기 위해서 당시의 이집트 정치 상황을 알아둘 필요가 있는데, 당시 사법부는 행정부의 간섭에 민감하게 적응하는 경향이 있었고 때문에 행정부가 만든 법을 사법부가 함부로 위헌이라고 판단하기 힘들다는 현실적 이

② 헌법재판은 아니지만 샤리아를 재판의 근거로 삼은 판례이다.

1979년 이집트 상소법원은 공익(질서)의 원칙(the principle of public policy)은 이집트 실정법의 해석과 적용에 의해 확정됨은 물론 이집트에서는 이슬람법원칙(Islamic legal principles)에 합치하도록 형성되는 것이 필요하다고 다음과 같이 판시하였다.[2]

"공익의 원칙들은 정치적, 사회적, 경제적 영역에서 국가가 공익을 달성하도록 하는 데 기여한다. 이러한 개념은 순수하게 세속적인 일반 원칙들에 근거를 두고 있다. … 그러나 이러한 원칙들에는 종교영역의 원칙들과 법률이나 사회적 규율을 통해 밀접하게 관계를 형성하고 있는 원칙들이 있다. 이러한 원칙들의 근원적 출발은 사회적 양심(the conscience of society)에서 찾아지게 된다. … 이러한 공익의 원칙들은 한 사회공동체 개개인의 일반적 다수가 믿는 것에 합치되며, 객관적으로 확정된다."[3]

2. 최고헌법재판소의 판례

상시적으로 헌법을 수호하는 최고헌법재판소의 역할은 매우 중요해지고 있다. 재판소는 헌법의 요구를 모든 공공기관이 따라야 하는 근본적 가치로 보고 있다. 최대한 효과적으로 권리를 보장할 수 있도록 인권에 관한 국제법의 측면을 고려하며 헌법조항을 해석한다. 여기에 재판소 판결에 관한 몇 가지 사례가 있다. 이 사례는 재판소

유와 당시 대통령이 정치적으로 이슬람근본주의자들과 대립하기를 꺼렸다는 것이 판결에 영향을 주었다는 견해도 있기 때문이다. 당시 최고 법관들이 이슬람주의자(Islamists)였던 것도 판결에 영향을 준 이유가 될 것이다.

2) 앞의 책, p.128.

3) Court of Cassation, Nos. 16 and 26, Year 48 (14 January 1979). Lombardi, 앞의 책, pp.128-129에서 재인용.

의 자유민주적인 경향과 헌법가치를 수호할 필요성의 명백한 이해와 민주주의 사회에서의 인권 보호를 보여준다.

1) 시민권과 정치적 권리

(1) 개인의 자유

재판소는 (정부의 현 시스템과 능동적인 추세를 따르면서) 법 이외에는 어떤 범죄나 형벌도 없고 법의 공표 이후에 행해진 행위에 대해서만 처벌이 가해진다는 헌법 제66조의 해석을 통해 개인의 자유를 위한 실질적 보호장치를 마련했다. 이 조항에서 헌법은 모든 범죄는 형벌법규의 위반으로 인한 물질적인 증거를 요구한다는 점을 분명히 한다. 게다가 형사법은 그것이 작위이든 부작위이든 처벌할 수 있는 실질적 행위를 바탕으로 한다. 만약 가해자의 고의로 저지른 행위가 없고, 오해의 여지가 없는, 실질적이고 가시적인 형태로 표현되는 행위가 없다면 범죄가 아니다. 헌법은 또한 형사상 법규가 명확성과 명료성을 가질 것을 요구한다. 형사상 법규는 개인의 자유와 관련하여 가장 심각하고 위험한 내용을 가진다. 만약 자유가 적절하게 보호된다면 금지행위는 다른 행위와의 혼란을 피하기 위해 명백하게 정의되어야 한다. 형사상 법규의 모호성은 관련자가 금지행위를 명확히 구분하는 것을 어렵게 할 것이다. 이러한 법규 내용의 불명확성은 또한 사실심 법정이 어떠한 범죄의 실질적인 증거를 확정하고, 그 처벌을 정하는 명확한 법규를 적용하는 것을 방해할 것이다(Constitutional Case No. 3, Year 10, session of 2 January 1993).

공정한 재판을 위한 기본원칙은 형사재판의 모든 단계에 적용 가능하고 최종 판단에 명백한 영향을 끼친다는 점을 명시했다. 이러한 기본원칙 중 무죄추정원칙이 있다. 모든 형사 체제에서 받아들이는 이 추정은 피의자이든 피고인이든 모든 개인에게 확대된다. 이는 모든 증거를 듣고, 검토하고, 평가하고 확인한 후 의심할 여지 없이 피고가 범죄를 행했다고 보아 그에 따른 최종 유죄선고가 내려지기 전까지 유효하다.

이 원칙과 다른 원칙을 바탕으로 재판소는 부랑인과 피의자에 관한 1945년 법령 제98호 제5조와 제6, 13, 15조를 헌법에 위배되는 것으로 판결했다(Constitutional Case No. 3, Year 10, session of 2 January 1993).

정당을 통제하는 1979년 법령 제36호에 의해 수정된 1977년 법령 제40호의 15조 2문 또한 정당지에 실리는 모든 것에 대해 편집장과 당수가 책임이 있다고 규정했기 때문에 헌법에 위배되는 것으로 판결이 내려졌다(Constitutional Case No. 25, Year 16, session of 3 July 1995).

(2) 재판청구권

재판소는 재판청구권을 헌법에 명시된 권리와 자유를 수호하는 수단으로 판결했다. 이러한 권리는 자유와 다른 권리의 효과적 보호를 허용하는 헌법에 의해 명백히 보장된다. 게다가 국가는 그들이 권리를 옹호하기 위해 법정에 나서는 권리를 박탈할 수 없다. 만약 국가가 이러한 보장을 제한하거나 무시한다면 국제적 책임을 수반할 오판이 될 것이고 헌법 위반이 될 것이다(Constitutional Case No. 57, Year 4, session of 6 February 1993).

또한 재판청구권은 우선 소송 당사자에게 재정적 부담이나 절차상의 장애로 방해받지 않고 법정에 쉽게 설 수 있는 권리를 의미한다. 이 권리는 재판청구권의 중요한 요소로 만약 돈이 없거나 절차상의 어려움으로 이 권리가 침해되었다면 권리는 불완전하게 될 것이다. 이와 더불어 필요한 것은 법원의 중립성과 판사의 독립성과 면책특권, 객관화된 보장수준과 실질적인 적용이다. 마지막으로 만약 국가가 권리를 주장하는 소송 당사자에게 공평한 법적 구제를 제공하지 않는다면 재판청구권은 불완전하게 될 것이다. 애초에 소송을 방해하거나 연기하거나 문제가 있는 절차상 규칙을 적용하는 것은 헌법과 법률이 규정한 재판청구권의 침해이다. 법적 해결이 그것을 이행하는 수단과 연결되지 않는다면 그것은 실질적인 가치를 잃고 필연적으로 헌법과 입법부 특히 헌법 제65조가 보장하려는 내용의 침해가 된다. 이에 따라 체육청소년부운영법(Law No. 77 of 1975) 제15(a)조가 부서의 재산을 가압류하지 못하도록 한 것이 위헌 선언되었다(Constitutional Case No. 2, Year 14, session of 19 March 1994).

(3) 주거의 불가침

재판소는 '만약 어떤 사람이 흉악범죄나 경범죄의 현행범으로 잡혔다면 그리고 증거물을 가택에서 찾을 수 있다는 믿을 만한 근거가 있다면 수사관은 진실을 밝힐 수도 있는 물건과 서류를 압수하기 위해 가택을 수색할 수 있다'고 규정한 형사소송법 제47조(Law No. 150 of 1950)를 무효화했다. 헌법 제44조에 따르면 주거는 신성한 곳이고 법률이 정하는 영장 없이 무단으로 들어가거나 수색할 수 없기 때문이다(Constitutional Case No. 5, Year 4, session of 2 June 1984).

(4) 표현의 자유

최고헌법재판소는 표현의 자유와 비판의 권리를 강하게 보호한다. 재판소는 언론이나 다른 표현 수단을 통해 공공기능을 수행하는 사람을 비판할 권리가 모든 국민에게 보장된다고 판결했다. 어떤 방해나 사전규제 없이 사람들이 자유롭게 표현하고 의견을 교환할 수 있도록 하는 것은 민주주의에서 요구되는 자유이다. 결과적으로 법률은 표현의 자유를 방해하는 도구가 될 수 없고 공공기능을 수행하는 데 부정행위나 오용을 드러내는 것을 방해하는 도구로 사용될 수 없다.

헌법의 핵심은 유권자가 그들의 이해관계를 보장하는 정부를 선택하고 정부는 국민에게 책임을 다한다는 것이다. 어떠한 불법사유로 공무원이 그들의 의무를 다하지 못해서 그들에게 부여된 믿음을 깬다면 그들의 잘못을 바로잡는 것이 권리이자 의무이고 이는 민주주의 국가의 원리를 바탕으로 한 권리를 행사하는 것과 연관된다.

결과적으로 헌법이 모든 공공문제에 대한 표현의 자유를 옹호하는 것은 필수불가결한 것이다. 비록 공무원에게 날카로운 비판이 따라올 수밖에 없을지라도 말이다(Constitutional Case No. 42, Year 16, 20 May 1995).

(5) 변호할 수 있는 권리

변호할 수 있는 권리는 헌법적으로 개인의 자유와 헌법과 법률에 규정된 모든 다른 권리와 자유수호를 위한 기본적이고 주요한 요건으로 보장된다. 이에 대한 결론적인 조항은 개인이나 변호인의 권한에 의해 변호할 수 있는 권리를 보장하는 헌법 제69조의 첫 번째 문단에서 발견할 수 있다. 같은 조항의 두 번째 문단은 국가는 재정적으로 능력이 없는 사람에게 법정에 서는 그들의 권리를 보장하는 방법을 제공한다는 규정이다. 변호할 수 있는 권리는 개인의 권리와 자유 침해를 방지하는 조항들의 실효성을 헌법이 인정하는 기본적인 권리이다. 게다가 모든 국민이 법 앞에서 평등한 대우를 받도록 보장한다. 변호할 수 있는 권리의 보장은 재판에서 가장 중요한 요소이기는 하지만 재판 자체에만 국한된 것은 아니다

대리인에 의한 변호는 당사자의 변호인이 제공하는 도움을 가리킨다. 만약 당사자에게 경험이 적은 변호사를 선택하도록 강요된다면 이러한 보장은 의미가 없어진다. 따라서 변호사법 제15조에서 장관이나 사법기관의 법률자문 혹은 대학교수가 1심 법원이나 이와 동급의 단계에서의 법률적 직업수행을 하지 못하도록 하고 있는 것은 변호권을 침해하여 위헌이라고 판시하고 있다(Constitutional Case No. 6, Year 13, session of 16 May 1992).

(6) 사유재산의 보호

이집트 법에서 사유재산은 절대적 권리가 아니라 사회적 기능과 관계되는 권리이다. 최고헌법재판소는 사유재산 보호와 그것의 사회적 기능에 많은 관심을 기울인다. 재판소의 판결은 재산의 권리와 그것의 규제 범주를 정의하고 그 위반에 대한 많은 법규를 폐지했다. 헌법은 사유재산을 보호하고 그것의 완전성을 보장하기 위해 노력해 왔다. 예외적인 경우와 여기에 명시된 규제나 요건이 아니라면, 일반적으로 이러한 재산은 그것을 획득하려는 개인의 노력의 결과이고 건설적인 진보와 발전을 위한 인센티브로 표현된다. 이러한 개인은 재산을 일구어내는 과정에서 오는 혜택을 받을 자격이 있다.

게다가 사유재산은 보호되어야 마땅할 국가 부의 원천이다. 이러한 재산은 공공이익을 저해하는 방식으로 사용되어서는 안 된다. 하지만 개인주의와 합법적인 국가개입 간의 균형을 유지하는 현대 법체계 내에서 재산의 권리는 사회적 기능에 의해 정당화된 특정한 규제를 받는 권리로 인식되어 왔다(Constitutional Case No. 22, Year 12, session of 1 January 1994).

재판소는 또한 사회적 기능 수행을 보장하기 위해 사유재산에 부과된 모든 규제는 그 목표에 부합해야 한다고 판결했다(Constitutional Case No. 2, Year 14, session of 19 March 1994).

또한 제34조에 따라 사유재산을 보호하기 위한 헌법의 보호조치는 개인의 재산에만 국한되지 않고 모든 종류의 자산, 개인적 권리, 지적, 예술적, 산업적 재산에 대한 권리로 확대된다(Constitutional Case No. 34, Year 13, session of 20 June 1994).

(7) 평등의 원칙

평등과 관련해 최고헌법재판소의 견해는 매우 진보적이다. 평등은 일반성과 추상성의 조건이 법적 원칙에서 충족될 때 실현된다고 말했다. 입법부는 재량권 내에서, 공공의 이익의 고려하에서 개인의 평등을 보장하는 법적 지위를 규율할 수 있다.

그럼에도 불구하고 재판소는 평등의 원칙이 다른 범주에 속한 개인들이 평등한 법적 대우를 받는 것을 의미하지는 않음을 분명히 했다. 이 원칙은 모든 종류의 차별을 금한다는 것을 의미하지는 않는다. 어떤 종류의 차별은 대상 기준을 바탕으로 하기 때문에 헌법 제40조에 부합한다. 오직 자의적인 차별만 금지된다. 법조항은 그 자체의 의미에서 끝나는 것이 아니다. 그것의 목적은 공공의 이익증진을 위한 특정 목표를 달성하는 것이다. 만약 입법 조항이 이러한 목표에 반하는 것이라면 객관적인 기초가 부족한 임의적인 차별로 여겨질 것이고 헌법 제40조에 위배될 것이다(Constitutional Case No. 3, Year 8, session of 1 February 1992).

한편 재판소는 평등의 원칙이 헌법에서 명시된 권리와 자유에만 국한되는 것이 아니라 입법재량하에 입법부가 보장하는 원칙을 아우른다고 밝혔다. 반면, 헌법 제40조에 의해 금지된 차별 목록(인종, 기원, 언어, 종교나 신념)은 예시이다. 이 요소들이 언급된 이유는 실제 생활에서 가장 빈번하게 부딪히기 때문이다.

제40조에 언급된 것보다 그 내용과 결과 면에서 덜 심각한 다른 종류의 차별도 있다. 예를 들어, 출생, 사회적 지위, 계층, 정치관을 이유로 한 자유와 권리에 대한 차별 등이다. 위헌에 해당하는 차별에 대해 어떤 완벽한 목록도 있을 수 없지만 이 모두는 차별, 제한, 특별대우나 배제에서 기인한 것으로 헌법과 법률이 보장한 자유와 권리에 영향을 끼칠 수 있고 공평하게 권리와 자유를 행사하는 것을 방해할 수 있다.

재판소는 또한 헌법 제8조가 기회의 평등을 보장한다고 하고 있다. 기회를 균등하게 배분하는 것에 결함이 발생한다면 불평등의 문제는 결코 극복되지 않는다(Constitutional Case No. 41, Year 7, session of 1 February 1992).

(8) 정치적 권리

최고헌법재판소는 몇 가지 역사적인 결정 중에서 민주주의 체제의 근본을 대표하는 두 개의 현대적 권리로서 참정권과 투표를 할 수 있는 권리를 확립했다. 재판소는 국회와 자문위원회 그리고 지방 국민의회가 제정한 다양한 법규를 위헌으로 선언하였다(Constitutional Case No. 131, Year 6, session of 16 May 1987; Case No. 37, Year 9, session of 19 May 1990; Case No. 23, Year 8, session of 15 April 1989; Case No. 14, Year 8, session of 15 April 1989).

2) 경제적·사회적·문화적 권리

(1) 교육의 권리

재판소는 헌법이 보장하는 교육을 받을 수 있는 권리의 기초를 수립했고, 교육을 국가가 수행하는 가장 중요한 임무 중의 하나로 여긴다. 교육을 통해 젊은 세대가 도덕적, 교육적, 문화적 가치를 습득하고 그들이 환경과 조화를 이루어 보다 나은 삶을 준비할 수 있게 한다. 결과적으로 모든 국민은 그들의 재능, 능력과 잠재력에 상응하는 교육을 받을 권리가 있다. 입법부가 제정한 법규가 평등의 원칙과 기회균등의 원칙을 침해하지 않는 한 그렇다(Constitutional Case No. 41, Year 7, session of 1 February 1992).

(2) 노동의 권리

노동은 국가가 주는 사치(luxury)도 보상금도 아닌 권리와 의무이자 명예라고 헌법이 규정한다. 기본적으로 노동은 공공 서비스의 수행과 그 대가인 공정한 보수에 관한 법률을 제외하고 자율적이어야 한다(Constitutional Case No. 27, Year 8, session of 4 September 1992).

(3) 공정한 보수

헌법 제13조는 국민에게 국가가 부과한 노동의 대가로 공정한 보수에 대한 권리를 규정한다. 게다가 이 헌법조항상의 보호는 수행된 노동에 대한 보수가 당사자에 의해 협의가 이루어진 상황에서, 구속력 있는 범위 내에 수행된 모든 노동으로 확대된다(Constitutional Case No. 27, Year 8, session of 4 September 1992).

(4) 연금수혜권리

만약 법률이 규정한 조건이 충족된다면 연금을 받을 권리를 보장하는 것은 관련 당국의 의무이다. 사회보장에 관한 일련의 법률이 이를 확인한다. 헌법 제17조에서 국가가 국민에게 사회보험과 건강보험 서비스를 제공하도록 함으로써 사회보장의 지원을 확대한다. 이는 장애, 실업, 고령으로 인한 연금을 포함하고 법률이 정한 범위 내에서 이루어진다. 사회 보험의 보장은 국민의 존엄, 개인의 자유, 삶의 권리, 소속된 공동체 구성원 간의 연대를 존중하면서 모든 국민의 최소한의 인간적 처우를 보장한다. 헌법 제7조(사회적 연대는 사회의 기초이다)에 기술된 대로 이것이 없이는 어떤 사회도 유지될 수 없다(Constitutional Case No. 16, Year 15, session of 14 January 1995).

(5) 노동조합의 결성과 조합민주주의

최고헌법재판소는 헌법 제56조에 따라 민주주의를 바탕으로 노동조합을 결성할 수 있는 권리를 확립했다.

3) 조세영역

최고헌법재판소는 단순히 국가의 부를 증대시키기 위해 아무런 정당한 근거 없는 세금을 부과하는 것에는 정당성이 부여될 수 없다고 명쾌하게 판단하였다. 국가에 의한 세금부과는 헌법이 보호하는 목표가 아니기에 허용된 헌법적 테두리 내에서 조세제도가 형성되어야 한다(Constitutional Case No. 43, Year 13, session of 6 December 1993).

3. 하끄 알 아랍(haqq al-arab)

1) 개요

중동사람들이 가진 정의(justice)의 개념은 서구의 정의 개념과 매우 다르다. 이러한 정의를 실현하기 위한 한 방편으로 독특한 제도를 가지고 있는데, 이를 '하끄 알 아랍(haqq al-arab)'이라고 한다. 통상적으로 '아랍의 정의(justice of the Arabs, Arab justice)'라는 뜻을 가진 haqq al-arab[4]이라고 알려진 사회적 갈등해결 방식은 '비정부 통제방식'(non-state-controlled forms)이다.[5] 협의회의 결정으로 갈등 사안이 종료되며 모든 사법절차에 관여한다.[6] 관습에 따른 민간중재

---

[4] 아랍어 사전 중 권위 있는 Al-Mawrid(المورد) 사전에 의하면 'haqq'로 표기된 '하끄'(حق)라는 단어는 권리(right), 진리(truth), 옳은(correct) 등의 뜻을 가진 단어이다. al-arab에서 al은 영어의 정관사 the와 같은 역할을 한다고 생각하면 된다. 한편 majlis(مجلس) al-arab이라고 하는 학자도 있다. majlis는 원어적으로는 '앉는 장소'를 의미하지만 문맥에 따라 '협의회', '국회'의 의미로 사용되기도 한다. 또한 majlis urfi(عرفي)라고도 하며 urfi는 '관습', '전통'이라는 의미이다.

[5] Sarah Ben Nefissa, The Haqq al-Arab: Conflict Resolution and Distinctive Features of Legal Pluralism in Contemporary Egypt, in: Legal Pluralism in the Arab World (B. Dupret, M. Berger and L. al-Zwaini), Kluwer Law International, 1999, 144쪽.

방식이나 일종의 분쟁조정위원회와 같은 역할을 한다고도 볼 수 있지만 형사사건을 포함하여 국가 공권력을 순수하게 민간에서 대신한다는 점에서 서구 법계와는 매우 다른 특이점이 발견된다. 이하에서는 사례를 통해 haqq al-arab의 내용을 좀 더 구체적으로 살펴보겠다.

2) 사례[7]

한 남성이 여성을 모욕했는데 남성과 여성이 속한 가문은 오랫동안 적대관계에 있었다. 양 집안은 무슬림이지만 여성의 집안은 먼 조상이 기독교인으로 알려져 있었다. 이러한 양 당사자의 갈등은 급속히 가문의 갈등으로 확산되었고 급기야 양 집안은 칼과 총기를 사용하면서 대립을 격화시켰다. 이에 경찰이 개입해 30명을 체포하고 무기를 압수하였다. 곧 양쪽 집안과 관련이 없는 변호사, 유력일간지 기자, 공무원, 지역의회 의원, 여당 지역대표 등 8명으로 구성된 협의회가 구성되었다. 이 협의회는 경찰서장을 찾아가 수감된 자들의 석방과 이 사건과 관련된 모든 법절차를 중단시키기 위해 협상을 벌였다. 이러한 협상의 목적은 협의회(타흐킴 우르피 tahkim urfi)[8]를 구성해 갈등을 해결하기 위한 것이었다. 협상은 4시간 동안 지속되었고 새벽에 이르러 타결되었다. 이미 사법절차가 개시된 3명을 제외하고는 모두 현찰로 보석금을 내고 석방되었다.

당사자들이 석방되자마자 곧 지역 유력인사의 집으로 양가 집안

---

6) 위의 책, 144쪽.

7) 위의 책, 146 쪽.

8) tahkim(تحكيم) urfi(عرفي): 전자는 '중재'라는 의미이고, 후자는 '관습', '전통'이라는 의미이다.

사람들이 모였고, 거기서 경찰서장과 협상을 벌였던 사람들로 협의회(majlis al-arab)가 구성되었다. 2백 명이 넘는 사람들이 밖에서 협의회의 결정을 기다렸고 5시간 후에 협의회(majlis)는 양자 합의에 의한 결정을 모두에게 전달했다. 그리고 이어 모든 갈등이 종료되었음이 선포되었다.

3) 특이점[9]

위의 사례에서 나타난 haqq al-arab은 단순한 민간해결 방식이 아니다. 이는 신속한 갈등해결을 위한 절차 중에 나타나는 공식적 과정이다. 또한 이 방식을 통해 제시된 결정은 거의 법원의 결정과 대등한 효력이 있는 것으로 받아들여진다. 또한 많은 경우에 이러한 결정을 받아들인다는 의사표시만으로도 갈등상황을 종료시키거나 해결책을 확정함에 있어 충분한 것으로 여겨진다. 어떤 경우에는 경찰서에서 시작해 법원에서 종료되는 과정보다도 훨씬 더 피해가 적은 것으로 여겨진다.

또한 haqq al-arab이 시작되기 위해서는 전제조건들이 충족되어야 한다. 첫째로 갈등에 관련된 씨족과 당사자가 동수로 참여해야 하고, 협의회의 구성원 선택에 대해 사건 발생에 직접 원인이 된 당사자가 동의해야 한다. 협의회의 구성원은 선택되지만 소극적으로 양 사건 당사자가 협의회 구성원들이 지역사회에서 존경받을만 하고 공명무사한 성품의 사람들이라는 것을 인정하여도 된다. 둘째로 모든 과정

---

9) Sarah Ben Nefissa, 앞의 책, 146ff.

이 모든 사람에게 공개되며 재정적 수단으로 과실에 대한 평가가 수반된다는 것이다. 최종결정에는 반드시 유책 당사자의 과실에 대한 배상금이 부과된다. 하지만 이러한 배상액을 유책 당사자가 거부할 수 있다. 만약 갈등 상황에서 사망자가 발생했다면 양쪽에서 동수의 사망자가 생긴 경우가 아니라면 이러한 협의회를 구성할 수 없다. 반면, 사건 당사자들은 야기된 분쟁이나 유혈참극에 대한 해결권을 일반적으로 씨족이 갖는다고 여긴다.

제7장 맺는말

1. 아랍 국가 통치구조의 비교법적 고찰[1)]

1) 통치질서

대다수 아랍 국가의 국가형태를 구태여 서구의 분류방식에 맞추어 재단한다면 모두 입헌군주제의 형태를 가지고 있다고 볼 수 있다. 이들 국가의 헌법 구조와 체계를 보면 왕이 상징적 의미만을 가지고 총리나 대통령이 따로 실권을 행사하는 형태의 명목상의 입헌군주제가 아니라 실질적으로 왕이 권력을 행사하는 입헌군주국으로 볼 수 있다. 다만 '입헌'이라는 단어에 함축된 의미인 기본권존중, 권

---

1) 졸고, 「GCC국가 헌법 통치구조의 비교법적 고찰」, 『중동문제연구』, 제10권 1호, 2011의 내용이 일부 사용되었다.

력분립, 국민주권주의, 법치주의원리 등이 잘 반영이 되어 명목적, 장식적 의미의 헌법이 아니라 규범적 의미의 헌법을 가지고 있는지에 대해서는 논란이 있을 수 있을 것이다.[2] 이는 권력이 왕가를 통해 세습됨을 헌법에서 규정하고 있는 것을 보면 더욱 그렇다. 이런 관점에서 보면 권력의 담당자가 교체될 수 있는 공화국이 아닌 것은 분명하다.

국체와 정체의 개념을 기준으로 구분하는 것 또한 단순하지가 않다. 왕이 존재하지만 자문회의(Council; Shoura)의 역할과 위상이 이슬람이라는 절대적인 권위의 종교적 배경에 근거를 두고 있기에 그렇다. 또한 코란의 가르침을 명백히 벗어나는 행위를 하거나, 최고 자문회의를 유명무실하게 하거나, 샤리아를 무시하는 행위를 하는 경우에는 왕의 통치권 자체가 위협을 받을 수 있기에 왕이 권력의 행사를 아무 제한 없이 한다고 볼 수도 없어 정체의 분류를 단순히 무제한의 권력행사를 의미하는 전제정체로 분류할 수도 없다.

국가와 사회의 이원구조를 바탕으로 input과 output의 모델로 설명하는 것은 기존의 국체·정체의 분류방식보다는 좀 더 적합한 결론을 이끌어낼 수 있다. 다만 최근의 중동(GCC국가 일부 포함)의 정치현상을 보면 input이 그동안 많이 억눌려 분출되고 있다는 것으로 파악될 수 있는데, 이런 관점에서 보면 헌법현실[3]은 output 위주의

---

2) K. Loewenstein은 헌법규범과 헌법현실이 일치하는 '규범적 헌법(normative Verfassung)', 양자가 완전히 동떨어져 있으나 그 간격이 좁혀질 여지가 있는 '명목적 헌법(nominalistische Verfassung)', 권력자가 집권의 정당화 수단으로만 헌법을 사용하는 '장식적 헌법(semantische Verfassung)'을 분류기준으로 제시하였다. Karl Loewenstein, Verfassungslehre, 4. Aufl. Mohr Siebeck, 2000, 151-157쪽.

3) 헌법이 추구하는 이상을 규범화하여 헌법전에 담고 있지만 사회현실은 그 헌법적 가치와 차이가 있을 수 있다. 이러한 헌법규범과 사회현실 사이의 gap을 줄여나가는 것(헌법실현: Verwirklichung der Verfassung)이 중요한데 이러한 힘을 '헌법의 규범적 효력(Nomative Kraft der Verfassung)'이라고 부른다. 헌법규범과 사회현실과의 부조화현상을 '헌법현실(Verfassungswirklichkeit)'이라고 부

권력운영을 하고 있다고 파악되어 권위주의적 모델에 속한다고 볼 수 있을 것이다.

2) 입법부

권력 형태를 규정하는 헌법내용을 보면 대체적으로 국회 편의 내용이 왕, 행정부, 사법부 편에 비해 매우 자세히 규정된 것을 알 수 있다.[4] 이는 국회의 위상이 상대적으로 강화된 구조로 파악되는데, 한국과 비교하면 한국에서는 일반 법률의 수준인 국회법에 규정된 내용들이 아랍 국가에서는 대체로 헌법에 규정되어 있기에 그 규정 내용이 헌법상의 위치를 차지하며 격상되어 있다고 평가할 수 있다. 때문에 대화와 토론을 통한 합의를 중시한다는 긍정적 평가를 내릴 수 있다.

하지만 국회의 헌법상 편제 위치를 보면(헌법의 편제 위치를 보면 그 나라에서 중요시되는 내용과 가치가 무엇인지를 파악할 수 있다) 국회보다 왕권에 대한 내용이 먼저 규정되어 있기에 아랍 국가에서는 국회보다는 왕실이 더 중요한 위치를 점하고 있다고 평가할 수 있다(왕-국회-행정부-사법부 순).[5] 이는 서구식 시각으로 보면

른다. 허영, 『헌법이론과 헌법』, 박영사, 2010, 38-40쪽.

4) 바레인의 경우 권력구조를 다룬 제32조부터 제106조까지(총 75개 조문) 중 제44조부터 제103조까지가(총 68개 조문) 의회에 관한 내용이고, 쿠웨이트의 경우 권력 구조를 다룬 총 140개 조문 중 왕권에 대한 조문은 총 25개 조문이며 의회에 대한 조문은 총 44개의 조문이다. 카타르는 왕권 12개 조문, 의회 41개 조문이며, 아랍에미리트는 연방국가의 특수성 때문에 헌법 곳곳에 섞여 다수조문이 산재하고 있다. 반면, 오만은 장관회의와 특별회의가 입법부 유사기능을 하도록 규정이 되어 있지만 엄격한 의미에서 입법기능을 하는 오만회의(The Oman Council)로 명시된 규정은 1개 조문에 그치고 있고(상세내용을 법으로 다시 정하도록 하고 있다), 사우디아라비아는 사법, 행정, 입법을 제6장에서 항목 구분 없이 같이 규정하면서 왕권에 대한 내용을 주로 규정하고 있어 양 국가는 왕권이 매우 강한 국가로 파악된다.

선거를 통해 선출되어 민주적 정당성이 강하게 확보된 국회보다 세습에 의한 왕실이 더 중요한 위치를 차지하는 것이 되고 이는 곧 독재권력으로 평가되거나 그렇게 될 개연성이 매우 높아 부정적 평가가 내려지게 된다. 물론 권력의 정당성을 신이 준 수권으로 보아 왕실의 세습 자체를 정당한 것으로(즉, 정의로) 받아들이는 법문화가 아랍 국가 사회 전체에서 수용되고 있다면 이러한 서구식의 평가방법은 별로 의미가 없게 될 것이다. 실제로 중동의 왕들 중 예언자 무함마드의 혈통을 계승한 왕조는 대다수 국민의 신뢰와 존경을 받고 있다.

3) 사법체계

아랍 국가 대부분의 헌법이 사법부의 독립과 법관의 독립을 헌법에 명시하고 있다.[6] 한편 검찰을 사법부 편에 편제하고 있는 것[7]은 법무부 산하에 검찰청을 두고 검사를 행정부 소속으로 두고 있는 우리 현실과 비교할 때 매우 독특한 구조이다. 법관과 같은 정도의 정직성과 공평성을 검사에게 요구하고 있다는 것은 매우 긍정적인 측면으로 파악될 수 있다. 다만 근대헌법의 체계정당성(Systemgerechtigkeit)에 비추어 볼 때 권력분립의 원칙상 사법부는 정치와는 일정한 거리를 두고 법에 의해서만 판단하는, 그리고 사건이 접수된 경우에만

---

5) 우리나라는 제헌헌법 이래로 '국회-정부(대통령 포함)-법원(사법부)' 순으로 편제되어 있다. 다만 유신헌법체제에서는 '통일주체국민회의-대통령-정부-국회-법원' 순으로 제5공화국 헌법에서는 '정부(대통령 포함)-국회-법원' 순으로 편제되었다.

6) 쿠웨이트(제162, 163조), 바레인(제104조), 카타르(제103, 131조), 아랍에미리트(제94조), 오만(제60, 61조), 요르단(제97조), 사우디아라비아는 사법부의 독립을 인정하면서도 샤리아에 저촉되지 않는 범위에서 법관의 독립을 보장한다(제46조).

7) 쿠웨이트(167조), 바레인(제104조), 카타르(제136조), 아랍에미리트(제106조), 오만(제64조), 사우디아라비아(제54조), 이집트는 검찰과 경찰에 대한 헌법조문을 두고 있다(제179, 184조).

판단하게 되는 소극적 태도를 취할 수밖에 없는데, 검찰조직이 사법부에 속하게 되면 사법부가 근대헌법의 기본원리로 표현되는 권력분립의 원칙을 지키기 위해 견지한 수동성이 수사를 담당함으로 말미암아 능동적 성격으로 변질될 수 있다. 이러한 능동성은 정치적 중립을 통해 판결에 대한 국민의 신뢰를 바탕으로 하는 사법부의 위상을 흔들 수 있다는 위험성을 내포한다.

또한 모든 내용을 법으로 규정하는 것이 불가능하기에 입법기술상 불가피하게 사용되는 것이 일반조항(Generalklausel)[8]이다. 이 일반조항의 내용이 샤리아로 대체되는 입법형식을 아랍권이 지니고 있다는 점을 고려한다면, 그러한 일반조항에 대한 법원의 해석이 정당한가를 판단함에 있어 사용되는 서구식의 기준이 아랍권 사법판결의 정당성을 판단하기 위한 도구로 사용되는 것은 부적절하고, 대신 샤리아의 해석 및 적용원칙을 그 기준으로 사용하게 될 수밖에 없다. 결국 아랍 국가의 사법부 판결을 이해하기 위해서는 아랍문화권의 샤리아체계를 이해하는 것이 필요하게 된다.

2. 샤리아법의 법체계상 위치[9]

이슬람 국가의 법체계를 분석함에 있어서는 샤리아의 기능과 법적 지위를 먼저 검토해보아야 한다. 코란의 '상호협의' 라는 개념을 통치권력의 정당성이라고 보면서 대부분 자문을 통한 무한대의(!) 합

---

8) 서구법계의 일반조항에 담기는 추상적 개념으로는 공공복리, 사회질서, 선량한 풍속 등이 있다.
9) 졸고, 「이슬람 법질서의 공법적 구조분석-샤리아법과 헌법 그리고 국가조직법」, 『공법학연구』, 제10권 제3호, 2009의 내용이 일부 사용되었다.

의체계10)를 유지하고 있기에 대의제와 다수결에 의해 작동되는 서구식 민주주의 원리와는 연결되기 어렵다. 그리고 왕정을 통치질서로 채택한 국가는 권력이 사실상 통합되었다고 볼 수도 있으나 그들의 근본가치인 코란이 합의에 의한 통치를 강조하기에 각종 (실질적 권력을 행사하는) 자문회의를 두어야 한다. 또한 샤리아라는 규범을 왕이라 해도 준수해야 하기에 절대왕권을 행사한다고 볼 수도 없다는 것에 이슬람권 통치질서의 독특성이 존재한다.

즉 헌법이 최고규범이며 헌법가치에 위배되는 것은 위헌으로 그 효력이 정지되거나 폐기되는 서구 법체계와는 달리 이슬람 법질서 내에서는 샤리아법이라는 또 하나의 최고 원리가 헌법 속에 동시에 자리 잡고 있다.

샤리아법에 따라 헌법이 제정된 것이 아니기에 샤리아법이 위계질서상 헌법의 상위규범으로 평가될 수 없고, 또한 헌법이 여전히 국가통치구조상 최고의 법적 지위를 가지고 있다는 점을 고려하면, 단순히 샤리아법이 이슬람 세계의 최고법이라고 정의할 수도 없다. 헌법을 국가의 최고규범이라고 정의해놓고 샤리아법이 이슬람 국가의 헌법에 위반되면 위헌선언을 할 수 있다고 단순히 분석한다면 큰 오류를 범하는 것이 된다. 왜냐하면 이슬람권 전체를 규율하고 있는 샤리아법체계는 헌법의 상위규범이라고 할 수도 없고 그렇다고 하위규범이라고도 할 수 없는 특수한 성질을 가지고 있기 때문이다.

샤리아체계를 유지하는 제 원칙들은 헌법의 규범력(Normative Kraft)

---

10) 아랍의 문화와 종교의 일부라고 보는 Shurah Council에 대해 민주주의의 출발점이라고 보는 견해도 있다. 또한 신정(神政)통치를 근본가치로 여기는 이슬람통치원리와 국민주권사상에 입각한 민주주의가 근본적으로 같을 수 없다고 보는 견해도 있다. 실무적으로는 슈라보다 왕실, 내각, 의회를 통해 많은 국정을 처리한다고도 한다.

을 제고시키기 위해 기능하는 과잉금지원칙 등과 같은 헌법상의 제 원칙이라고도 할 수 없는데, 이는 샤리아법체계가 독자적인 영역 속에서 고유의 규범체계와 해석방식을 가지고 있기 때문에 그러한 것이다.

또한 샤리아체계가 헌법에 내포된 기본원리인 법치주의 원리(권력분립)나 민주주의 원리와 같은 정도의 위치를 점하면서 작동하는 헌법상의 원리인지를 살펴보더라도, 샤리아규범체계가 서구의 '법해석작용(사법)'과 '법제정작업(입법)'을 동시에 수행하는 기능을 가지고 있기에 법치주의 원리와 일치한다고 할 수 없다.

이러한 점들이 이슬람 법질서를 분석해 그 구조를 밝히는 데 어려움을 주는 지점이 되는 것이다. 결국 아랍 국가의 법질서 내에서는 샤리아법과 헌법 양자는 독립된 대등한 지위를 점유하며 공동체의 합의된 근본가치와 법질서를 유지하기 위해 상호 협력하는 지위를 가지고 있다고 보는 것이 타당하다고 생각된다.

3. 이슬람과 민주주의

이슬람식 민주주의는 독자적 개념으로 정의가 될 것으로 예상된다. 민주주의(자유민주주의, 사회민주주의, 입헌민주주의, 인민민주주의 등) 개념에 이슬람의 독특한 사회질서를 반영한 '이슬람민주주의'라는 용어가 탄생할 것으로 보인다.

'중동의 민주화 바람'이라는 표현 속에는 서구식의 사고가 깔려있다고 보인다. 다수가 주인이 되고 다수의 통치형태(demos/ Kratein)를 중동이 갖게 될 것이라는 기대가 그것이다. 그러나 간과할 수 없는 것은, 중동의 시민들이 독재자에게 항거한 주요 이유 중의 하나로 신이 독재자의 그러한 통치방식을 허락하지 않으셨을 것이라는 종교적 영향을 들 수 있다는 것이다. 1인 장기통치자라고 하더라도 신앙의 여과기를 통해 국민에게 긍정적으로 투영된다면 국민의 지지를 받는 장기집권의 통치질서가 형성될 가능성이 중동은 매우 농후하다. 실제로 왕정을 채택하고 있는 사우디아라비아 등의 통치질서가 그렇다. 중동의 신실한 무슬림들은 주권이 국민에게 있다는 생각을 하기보다는 주권이 신에게 있다고 생각하기에(인샬라 문화) 결국 이슬람 국가의 민주주의는 그러한 종교적 배경에 결합된 독자적 '이슬람민주주의'가 될 것이다.

서구사회에서는 중세의 종교적 암흑기를 거치면서 그 반작용으로 인간 자신에 대한 권리와 자유에 대한 자각을 통해 개인의 자유와 권리에 중점을 둔 민주주의를 발전시키고 그 내용원리(국민주권, 다수결, 인권보호 등)들을 발전시켜 왔지만, 이슬람 세계는 신이 부여한 개인의 자유와 권리에 바탕을 둔 민주주의의 내용원리(샤리아 준수, 이슬람 가치실현을 위한 가족제도와 학교교육 등)들을 발전시킬 것으로 전망된다.

4. 법과 문화[11]

이슬람 왕조의 출발 이후 형성된 이슬람 법학파의 차이가 법 이론이나 원칙 혹은 해석의 차이가 아니라 그 광범위한 지역적 특성(이라크 쿠파, 메디나, 메카, 시리아 등) 때문에 당해 지역의 관습(법)을

---

11) 졸고, 「GCC국가 헌법 통치구조의 비교법적 고찰」, 『중동문제연구』, 제10권 1호, 2011의 내용이 일부 사용되었다.

수용하다가 나타난 점12)이라는 것은 법과 문화의 관계를 조명하는 데 매우 흥미로운 사실이 된다.

몽테스키외는 20년간의 연구 끝에 탄생시킨 그의 역작 '법의 정신'에서 문화적 배경이 법과 어떠한 관계를 가지고 있는지를 서고트족, 스파르타, 그리스, 로마, 중국, 러시아, 인도 등의 제도와 관습 그리고 법률의 예를 가지고 실증적으로 설명하고 있다. 또 그는 기후, 풍토, 관습, 생활양식과 법이 어떠한 상관관계를 가지고 있는지를 잘 설명하고 있다.13) 많은 종족과 나라들의 통치원리와 법제도를 연구할 때 참조해야 하는 기본원리가 되는 지점이라고 생각된다. 또한 그는 풍토의 영향으로 나타난 관습을 강제적으로 집권자가 법을 가지고 변경시키려 할 때 나타나는 부작용에 대해 지적하고 있다.14)

서구 법체계 관점으로는 이해하기 힘든 이슬람 세계의 몇몇 특이한 법제도에 관한 분석에 마주할 때에 상술한 몽테스키외의 견해는 매우 타당한 기초를 제시해준다. 즉 이슬람법을 연구함에 있어서 중동의 풍토에 대한 이해가 바탕에 흘러야 그들의 법제도를 제대로 이해할 수 있다는 것이다. 좀 더 구체적으로 이야기하자면, 흔히 서구적 관점에서 중동여성 인권침해 사례의 대명사로 여겨지는 차도르, 부르카, 히잡 등을 비판하기 위해서는 먼저 중동의 그 살인적인 태양 광선과 한국의 황사와는 비교도 안 되는 그 뿌연 모래공기(!)를 먼저 직·간접적으로 '경험'하는 것이 필요하다는 것이다.

---

12) Hans Küng, 손성현 역, 『한스 큉의 이슬람』, 시와 진실, 2012, 399f.

13) 몽테스키외, 이명성 역, 『법의 정신』, 홍신문화사, 2판, 2006; 여러 곳에서 고서(古書)를 통해 각국의 제도와 법률조항의 내용을 기술하고 있으나 특히 223쪽 이하(법과 풍토의 관계)와 288쪽 이하(국민의 일반정신과 습속 및 생활양식을 형성하는 원리와 관계되는 법) 참조.

14) 위의 책, 294쪽 이하.

겉으로 드러난 이슬람 세계의 법제도를 이해하기 위해서는 그들이 그러한 제도를 생성한 문화적 배경과 그러한 문화를 형성시킨 그들의 핵심 가치가 무엇인지가 먼저 연구되어야 한다. 그들이 갖고 있는 그러한 핵심가치를 발견하면 그 핵심가치를 지탱하는 그들의 신념(믿음)이 무엇인지 볼 수 있을 것이고, 그때 비로소 그들의 생각 깊은 곳에 흐르고 있는 그들의 세계관을 가지고 색안경 없이 사물을 볼 수 있을 것이다. 이슬람 세계 법학자들과의 진정한 학문적 교류와 대화는 그때부터 시작될 것이다. 그리고 그러한 대화는 서로의 다름을 인정하면서 상이한 법문화를 가진 공동체 간의 공존과 협력을 구축하는 토대가 될 것이라고 생각한다.

중동의 부족 중심 문화는 현대화된 국가 질서 속에서도 여전히 그 세력을 유지하고 있다. 이러한 영향으로 말미암아 아랍왕정국가 헌법은 권력의 '분립'과 동시에 '협력'을 헌법에서 명하고 있다. 이는 서구의 권력분립원칙을 근간으로 하는 공법체계와 비교할 때 나타나는 큰 차이점인데, 서구에서 몽테스키외의 3권 분립이론이 현대에도 여전히 유효하지만 현대에 이르러는 국가 과제의 효과적 달성을 위해 '형식적인 권력분리'보다는 '권력 간의 협력적 통제관계'를 이론적으로 강조하고 있다는 점을 보면15) 법과 문화가 어떻게 서로 상호작용을 하는지를 연구하는 데 매우 의미 있는 비교법적 시사점을 주고 있다.

종교의 타락에 대한 반작용으로 정교(政敎)를 분리해 인간이성의 순수성을 보호하고 장려하는 방향으로 발전하던 서구의 법문화가

---

15) 허영, 『헌법이론과 헌법』, 박영사, 2010, 927ff.

결국은 신의 뜻에 순종하고자 하는, 즉 종교와 정치의 일치를 추구하는 아랍 국가의 법문화와 유사한 면이 발견되는 지점에 이르고 있기 때문에 그렇다. 뿌리가 다른데 열매가 같을 수 있는지가 분석되어야 하는 과제가 남겨져 있다. 물론 양자를 비교법적으로 적확히 분석하기 위해서는 결국 '문화학으로서의 법학이론(Rechtswissenschaft als Kulturwissenschaft)'이 분석방법으로 도입되어야 한다.

또한 아랍 국가의 헌법에서 거의 공통적으로 발견되는 '아랍 국가(Arab State; Arab Nation)', '아랍민족주의(Arab nationalism)', 가족에 대한 특별규정들, 도덕의 유지와 영적인 보호, 샤리아를 입법의 원천으로, 이슬람을 국교로, 아랍어를 모국어로 명문화하면서 각종 정치인 자격에 아랍어의 능숙한 사용을 요건으로 하고 있는 것은 문화와 법의 상관관계를 연구하는 데 있어 좋은 출발점을 제공해주고 있다.

중세 천 년의 종교적 암흑기를 깨고 르네상스 시대를 거치며 인간 중심으로 발전한 철학체계에 근거를 둔 서구 법체계는 유일신에 대한 절대적 권위를 바탕으로 한 이슬람 법체계와 다를 수밖에 없다. 그런데도 공통적인 부분이 발견된다는 것은 인간이 가지는 문화의 고유한 특질이 인간사회의 규범과 질서를 형성하는 법문화에 영향을 주고, 이는 다시 한 공동체의 법체계에 영향을 주고, 이러한 법체계는 결국 보편적 인류의 공통 가치를 실현하는 방향으로 진행되고 있는 중이라는 희망적 예측을 조심스레 해본다.

문화인류학적으로 시간과 공간을 초월해, 또한 문화의 발달 정도 여부와 상관없이 인간 공동체의 문화 속에 반드시 존재하는 의식이 결혼식과 장례식이다. 결혼은 새 생명을 이 대지에 보내주는 통로이며 장례식은 한 인간의 성공 여부나 공과에 상관없이 흙으로 다시 돌아가는 사람을 위한 엄숙한 문화의식이다. 결국 인간의 본질에 접근할수록 인간이 원하는 그 한 가지가 공통되기에 위와 같은 결과가 나오는 것이라면 시공을 초월하는 일반화된 '법문화 이론'이 정립될 수 있는 것이 아닐까 감히 생각해본다. 이러한 생각이 맞는다면 비례원칙의 심사기준으로 문화적 코드를 도입하는 것이 오히려 타당해진다.

걸프지역 GCC국가[16]들은 이슬람이 발현했던 지역이고 문화자본주의의 영향을 배척하면서 이슬람문화의 계승과 보존을 비교적 엄격히 하고 있는 지역이다. 이러한 점은 법과 문화의 상호작용을 연구하는 데 매우 좋은 토대가 된다.

낯선 숲속을 탐험하는 비교법학자에게 겸손함을 당부한 독일학자의 말처럼[17] 본 연구자의 학문적 일천함을 우선 밝혀둔다. 때문에 본 연구의 내용에는 이슬람 세계의 역사와 문화에 대한 '깊은' 이해가 아직은 토대로 깔려 있지 않음을 고백할 수밖에 없다. 다만 법과 문화의 상호작용 연구를 위해 관련 인접학문들 사이에 활발한 학제 간 협동 연구가 이루어질 것을 기대하는 마음으로 조그만 디딤돌을 놓는 작업을 했다고 조심스레 이야기하고 싶다.

---

16) 사우디아라비아(Kingdom of Saudi Arabia; al-Mamlaka al-'Arabiyya as-Su'ūdiyya), 쿠웨이트(State of Kuwait; Dawlat al-Kuwayt), 바레인(Kingdom of Bahrain; Mamlakat al-Baḥrayn), 카타르(State of Qatar; Dawlat Qaṭar), 아랍에미리트(State of the United Arab Emirates; Dawlat al-Imārāt al-'Arabīyah al-Muttaḥidah), 오만(Sultanate of Oman; Salṭanat 'Umān)의 경제・정치협력기구이다. GCC는 Gulf Cooperation Council (مجلس التعاون الخليجي)의 약자이며 The Cooperation Council for the Arab States of the Gulf (CCASG; مجلس التعاون لدول الخليج العربية)로도 명명된다. 1981년 5월 25일 창설되었고 1981년 11월 11일에 아부다비에서 경제공동체협정이 체결되었다.

17) 콘라트 츠바이게르트・하인 쾨츠, 양창수 역, 『비교사법제도론』, 대광문화사, 1991, 9쪽.

참고문헌

[국내문헌]

공일주, 『코란의 이해』, 한국외국어대학교출판부, 2008.

금상문, 「UAE(United Arab Emirates)의 정치발전과 이슬람」, 『중동연구』, 제23권 1호, 2004.

김수갑, 「문화재 향유권의 법리에 관한 고찰」, 『법과 사회』, 23호, 2002.

김수갑, 「헌법상 문화국가원리에 관한 연구」, 고려대 박사학위, 1993.

김정오, 『한국의 법문화』, 나남출판, 2006.

김철수, 『헌법학(상)』, 박영사, 2008.

류시조, 「문화국가의 개념과 법적 성격」, 『부산외대 법학연구』, 1991.

박규환, 「이슬람 법질서의 공법적 구조분석 – 샤리아법과 헌법 그리고 국가조 직법」, 『공법학연구』, 제10권 제3호, 2009.

박규환, 「GCC국가 헌법 통치구조의 비교법적 고찰」, 『중동문제연구』, 제10권 1호, 2011.

박규환, 「이슬람 연방국가원리의 비교법적 고찰 – 아랍에미리트 연방제도를 중심으로 – 」, 『헌법판례연구』, 13, 집현재, 2012.

박은정, 『자연법의 문제들』, 세창출판사, 2007.

이시우, 「국가의 문화정책에 관한 헌법적 연구」, 『공법연구』, 제25집 제4호, 1997.

이시우, 「문화복지의 헌법적 의미와 그 입법정책적 과제」, 『헌법학연구』, 제5집 2호, 1999.

이시우, 「헌법적 문제로서 문화보호와 문화복지에 관한 입법정책」, 『저스티스』, 제32권 제1호, 1999.

이원삼, 『이슬람법사상』, 대우학술총서 522, 아카넷, 2002.

장세원, 「아랍에미리트의 군사엘리트와 부족주의 관계 연구」, 『중동연구』, 제 28권 2호, 2009.

장세원, 「아랍에미리트의 부족주의 연구 – 정치엘리트와 부족주의 관계 – 」, 『한 국중동학회논총』, 제27-1호, 2006.

장세원, 「아랍에미리트의 종교엘리트와 부족주의 관계 연구」, 『한국중동학회 논총』, 제28-1호, 2007.
전광석, 「헌법과 문화」, 『공법연구』, 제18집, 1990.
최대권, 「문화재보호와 헌법」, 『서울대 법학』, 44권 3호, 2003.
허영, 『한국헌법론』, 박영사, 2009.
허영, 『헌법이론과 헌법』, 박영사, 2010.

[번역문헌]

A. Sherif, 박규환·강혜영 공역, 「이집트헌법과 헌법소송」, 『영산법률논총』, 제7권 제1호, 2010.
Arthur Kaufmann, 허일태 역, 『법철학 입문』, 세종출판사, 1996.
Hans Küng, 손성현 역, 『한스 큉의 이슬람』, 시와 진실, 2012.
Karen Armstrong, 장병옥 옮김, 『이슬람』, 을유문화사, 2008.
Karl Renner, 최달곤·정동호 공역, 『私法과 所有權의 基礎理論』, 동아학습사, 1983.
Leopold Pospisil, 이문웅 역, 『법인류학』, 민음사, 1992.
Micheline Ishay, 조효제 옮김, 『세계인권사상사』, 도서출판 길, 2005.
몽테스키외, 이명성 역, 『법의 정신』, 홍신문화사, 2판, 2006.
콘라트 츠바이게르트·하인 쾨츠, 양창수 역, 『비교사법제도론』, 대광문화사, 1991.
파하드 국왕 꾸란 출판청, 성 꾸란, 의미의 한국어 번역, 1997.
헤겔, 김준수 옮김, 『자연법』, 한길사, 2004.

[서양문헌]

A. Shalaby, Encyclopedia of Islamic History, cairo.
A. Sherif, Constitutional Adjudication, in: Egypt and Its Laws (Edited by Dr. Nathalie Bernard-Maugiron, Dr. Baudouin Dupret, Assistant Editor Wael Rady): ARAB AND ISLAMIC LAWS SERIES Volume 22 (Series General Editor Dr. Mark S. W. Hoyle), KLUWER LAW INTERNATIONAL (LONDON/THE HAGUE/NEW YORK), 2002.
A. Sherif, Constitutional Law, in: Egypt and Its Laws (Edited by Dr. Nathalie

Bernard-Maugiron, Dr. Baudouin Dupret, Assistant Editor Wael Rady): ARAB AND ISLAMIC LAWS SERIES Volume 22 (Series General Editor Dr. Mark S. W. Hoyle), KLUWER LAW INTERNATIONAL (LONDON/THE HAGUE/NEW YORK), 2002.

Ahmed Abdelkareem Saif, Arab Gulf Judicial Structures, Gulf Research Center, 2004.

B. Tibi, Der Islam und das Problem der kulturellen Bewältigung sozialen Wandels, Frankfurt 1985.

B.R. Schulze, Was ist islamische Aufklärung?, in: Die Welt des Islam 36/1996.

Bernard G. Weiss, Studies in Islamic legal theory, 2002.

Bülent Ucar, Recht als Mittel zur Reform von Religion und Gesellschaft: die türkische Debatte um die Scharia und die Rechtsschulen im 20. Jahrhundert, 2005.

Christine Schirrmacher; Ursula Spuler-Stegemann, Frauen und die Scharia: die Menschenrechte im Islam, 2006.

Clark B. Lombardi, State Law as Islamic law in modern Egypt-The Incorporation of the Sharia into Egyptian Constitutional law, 2006.

Frank E. Vogel, Islamic law and legal system: studies of Saudi Arabia, 2000.

Günter Dürig, Der deutsche Staat im Jahre 1945 und seither, VVDStRL 13, 1955.

Hakan Hakeri, Tötungsdelikte im islamischen Strafrecht, 2002.

Hans Küng, Islam-Past, Present, and Future, The American University in Cairo Press, 2007.

Hans-Georg Ebert, Das Erbrecht arabischer Länder, 2004.

Herbert Kronke, Islamisches und arabisches Recht als Problem der Rechtsanwendung, 2001.

Jeremy Rifkin, Das Verschwinden des Eigentums (The Age of Access), Fischer Taschenbuch, 2.Aufl., 2000.

Johannes Harnischfeger, Demokratisierung und islamisches Recht: der Scharia-Konflikt in Nigeria, 2006.

John Makdisi, Marianne Makdisi, Islamic Law Blbliography, Law Library Journal 87, 1995.

Joko Mirwan Muslimin, Islamic law and social change [Elektronische Ressource]: a comparative study of the institutionalization and codification of Islamic family law in the nation-states Egypt and Indonesia (1950-1995), 2005.

Joseph Schacht, An Introduction to Islamic Law, Oxford 1964

Karl Loewenstein, Verfassungslehre, 4. Aufl. Mohr Siebeck, 2000.

Mariam Popal, Die Scharia, das religiöse Recht - ein Konstrukt?: Überlegungen zur Analyse des islamischen Rechts anhand rechtsvergleichender Methoden und aus Sicht post-kolonialer Kritik, 2005.

Michael Kemper, Rechtspluralismus in der islamischen Welt: Gewohnheitsrecht zwischen Staat und Gesellschaft, 2005.

Noel J. Coulson, A History of Islamic Law, Edinburgh 1964.

Noel J. Coulson, Conflicts and tensions in Islamic jurisprudence, Chicago 1969.

Norbert Müller, Islam und Menschenrechte, 2003.

Peter Häberle, Verfassungslehre als Kulturwissenschaft, Schriften zum Öffentlichen Recht, Band 436, Duncker & Humblot, Berlin, 2. Aufl. 1998.

Pylee, M. V., Constitution of the World, 3rd. Edi. vol. 1&2, New Delhi: Universal Law Publishing, 2006.

Richard Münch, Neil J. Smelser, (Edit.), Theory of Culture, university of california press, 1992.

Rüdiger Lohlker, Bibliographie des islamischen Rechts, 2005.

Rudolf Smend, Verfassung und Verfassungsrecht, in:Staatsrechtliche Abhandlungen, 3.Aufl., 1994.

Rudolph Peters, Divine Law or Man-Made Law?, Arab Law Quarterly 3.3, 1988.

Said Ramadan, Das Islamische Recht: Theorie und Praxis, 2.Aufl.(Erstausgabe: Wiesbaden: Harrassowitz, 1979), 1996.

Sarah Ben Nefissa, The Haqq al-Arab: Conflict Resolution and Distinctive Features of Legal Pluralism in Contemporary Egypt, in: Legal Pluralism in the Arab World (B. Dupret, M. Berger and L. al-Zwaini), Kluwer Law International, 1999.

Satoe Horii, Die gesetzlichen Umgehungen im islamischen Recht (.hiyal): unter besonderer Berücksichtigung der Gannat al-a.hk⁻am wa-gunnat al-_hu.s.s⁻am des .Hanaf⁻iten Sa'⁻id b. 'Al⁻i as-Samarqand⁻i (gest. 12.Jhdt.), 2001.

Stefan Muckel, Der Islam unter dem Grundgesetz: Muslime in einer christlich vorgeprägten Rechtsordnung, 2000.

Thorsten Gerald Schneiders, Muslime im Rechtsstaat, 2005.

Tilman Nagel, Das islamische Recht: eine Einführung, Westhofen: WVA-Verlag,

2001.

Wade Davis, The Issue Is Whether Ancient Cultures Will Be Free to Change on Their Own Terms, in: National Geographic, August 1999.

Yusuf al-Qaradawi, Erlaubtes und Verbotenes im Islam, 2003.

박규환

연세대학교 법학사, 법학석사
독일 Martin-Luther Universität Halle-Wittenberg 법학박사
독일학술교류처 DAAD 초청학자
대법원 재판연구관
Freie Universität Berlin 객원(계약)교수
현) 영산대학교 법과대학 교수
　　영산대학교 이슬람법연구센터 센터장
　　법원행정처 전문심리위원
　　한국공법학회·한국비교공법학회·유럽헌법학회·연세법학회 이사

"Die Drittwirkung der Grundrechte des Grundgesetzes im Vergleich zum koreanischen Verfassungsrecht"(박사학위 magna cum laude 2004)
"Case Studies with the Constitution of the Republic of Korea"(2009)
『로스쿨 면접을 위한 法개념』(2010)
『하도급거래 공정화에 관한 법률 해설』(2011)

기본권 이론, 이슬람법 연구.

아랍 세계의 법문화
코란, 샤리아, 이슬람국가의 법

초판인쇄 2014년 6월 11일
초판발행 2014년 6월 11일

지은이 박규환
펴낸이 채종준
펴낸곳 한국학술정보㈜
주소 경기도 파주시 회동길 230(문발동)
전화 031) 908-3181(대표)
팩스 031) 908-3189
홈페이지 http://ebook.kstudy.com
전자우편 출판사업부 publish@kstudy.com
등록 제일산-115호(2000. 6. 19)

ISBN 978-89-268-6257-5 93360